공격적 청소년을 위한

학교폭력 치유 및 예방 프로그램

김붕년, 권국주 지음

Σ 시그마프레스

공격적 청소년을 위한 학교폭력 치유 및 예방 프로그램

발행일 2015년 5월 11일 1쇄 발행

지은이 김붕년, 권국주
발행인 강학경
발행처 (주)시그마프레스
디자인 이상화
편집 안은찬

등록번호 제10-2642호
주소 서울특별시 영등포구 양평로 22길 21 선유도코오롱디지털타워 A401~403호
전자우편 sigma@spress.co.kr
홈페이지 http://www.sigmapress.co.kr
전화 (02)323-4845, (02)2062-5184~8
팩스 (02)323-4197

ISBN 978-89-6866-232-4

이 도서의 국립중앙도서관 출판시도서목록(CIP)은 서지정보유통지원시스템 홈페이지
(http://seoji.nl.go.kr)와 국가자료공동목록시스템(http://www.nl.go.kr/kolisnet)에서 이용
하실 수 있습니다.(CIP제어번호 : CIP201512100)

공격적 청소년을 위한

학교폭력 치유 및
예방 프로그램

차례

이 책을 펴내며

집단 따돌림과 학교 폭력으로 인해 고통을 받는 피해 청소년이나 반대로 상처를 입힌 가해 청소년을 만나면서 두 그룹의 친구들이 본래부터 다른 점이 많고 특성이 서로 반대라고 생각해 온 것이 편견이었음을 알게 되었습니다. 두 그룹의 친구들 모두 상처와 고통을 안고 있었으며 그 고통이 표현되는 양상이 단지 다른 방향으로 나타났던 것입니다.

두 그룹의 친구들이 갖는 공통적인 특징은 '공감 능력의 결여'와 '정서 조절의 어려움'입니다. 반복적 피해 그룹은 다른 사람들의 마음 상태를 인식하는 능력과 상황을 파악하는 능력(인지적 공감)에 어려움이 있는 경우가 많았고, 반복적 가해 그룹은 다른 사람들이 겪는 아픔과 어려움을 느끼는 능력(정서적 공감)에 어려움이 있다는 것을 알게 되었습니다. 결국 두 그룹의 친구들 모두 공감 결여로 고통을 받고 있었습니다.

아동기에서 청소년으로 갑작스러운 변화를 겪는 친구들은 특히 명백하고 반복적인 가해 행위를 '장난' 또는 '놀이'로 이해하고 놀랍게도 그 행위로 인해 피해를 받는 다른 청소년들이 심각한 고통을 경험한다는 것을 '정말로' 이해하지 못하고 있다는 점도 알게 되었습니다.

이에 공감 능력 향상과 정서적 자기 조절 능력 향상을 기반으로 하는 학교 폭력 가해 그룹을 위한 치유 프로그램을 개발할 필요를 느끼게 되었습니다.

저는 이 프로그램이 우리나라의 청소년과 학교의 실정에 맞고 문화적 특성에 맞는 프로그램이라고 생각합니다. 최근 2년 동안의 전국적인 적용 과정을 통해서 부족한 부분을 수정 및 보완하여 발전시키면서 그런 부분을 더욱 보강하였습니다. 이 기간 동안의 연구를 통해 얻어진 긍정적인 다양한 연구 결과들은 향후 몇 편의 연구 논문으로 출판될 예정입니다.

이 프로그램이 세상에 나오기까지 많은 도움을 받았고 지금도 받고 있습니다. 공저자로 참여해 준 권국주 선생님의 노력에 감사합니다. 지난 1년의 기간 동안 프로그램의 실제 적용과 수정·보완에 힘써 주셨습니다.

초기 프로그램을 만들 때 공헌해주신 이고은 선생님, 박수빈 선생님, 송형복 선생님에게도 감사의 말씀을 드리고 싶습니다. 의무 석사 과정을 하면서 함께 참여해 준 서울대학교 의과대학의 이다혜, 양예슬, 김혜림 학생에게도 감사의 글을 드립니다.

이 프로그램은 계속 발전될 것입니다. 그 열린 길을 많은 선생님들이 같이 가주셨으면 하는 바람을 가져봅니다.

학교가 우리 아이들에게 성장과 발달의 도량이 되려면 먼저 안전한 곳이 되어야 합니다. 안전감 속에서 공정하게 경쟁하고 협동하며 우정을 쌓아나가고, 사회에 진출해서는 다른 사람들과 함께 협동하고 배려할 수 있는 건강한 사회인이 되는 우리 아이들의 모습을 머릿속에 그려봅니다.

대한민국의 교육 현장이 행복을 추구하는 아름다운 장소로 현실화되기를 희망하며 이 서문을 마무리합니다.

서로를 함부로 대하지 않는 사회와 학교를 꿈꾸며
대학로 연구실에서
2015년 4월
김붕년

들어가는 글

1. 학교 폭력에 관한 정의 및 연구의 역사

집단 안에서 개인에게 폭력을 가하고 괴롭히는 행위는 집단을 유지하기 위한 하나의 수단으로서 오랜 기간 인간 사회 안에 존재했다. 구성원들은 폭력을 통해 집단 내 이질적 요소를 강제로 동질화시키거나 갈등을 전치시키는 기회를 만들었다. 근대적인 학교 교육이 시작된 이래 학교라는 집단에서도 마찬가지의 폭력은 존재하였을 것이라 짐작하지만, 실제로 학교 폭력의 위험성이 알려지고 관련 연구가 수행된 것은 20세기에 들어선 최근의 일이다. 서구에서는 노르웨이의 심리학자 Olweus가 1970년대부터 학교 폭력과 관련된 연구를 진행하였고, 학교 폭력에 대한 사회적·학문적 관심이 촉발되는 데 기여하였다. 우리나라의 경우 학교 폭력이 사회적 문제로 부각된 것은 1990년대부터이다. 이때부터 학교 폭력 관련 기사가 증가하기 시작하였으며, 1995년에는 학교 폭력으로 인해 자살한 한 고등학생의 아버지가 '청소년 폭력 예방 재단'(설립자 김종기)를 설립하여 본격적으로 학교 폭력을 사회 문제화하였고 이후로도 다양한 연구와 예방 프로그램을 진행 중이다.

청소년의 폭력을 지칭하면서 세계적으로 가장 널리 사용되는 용어는 'Bullying'이다. Olweus는 Bullying이라는 용어를 사용하면서 다음의 세 가지 중요한 요소가 개념에 포함된다고 보았다. 첫째, 상대가 원하지 않는 부정적인 행동을 포함하는 공격 행동을 보인다. 둘째, 지속적이고 반복적으로 나타난다. 셋째, 가해자와 피해자 간의 힘의 불균형이 존재한다. 또한 그는 Bullying이 다양한 공격 행동을 포함하는 넓은 의미의 용어하고 설명하면서 아홉 가지 하위 유형을 제시하기도 했다(http://www.olweus.org/). (1) 언어적 괴롭힘, (2) 사회적 소외와 배제, (3) 신체적 괴롭힘, (4) 소문 퍼뜨리기, (5) 돈, 물건을 빼앗거나 훼손, (6) 원치 않는 행동 강요, (7) 인종적 괴롭힘, (8) 성적 괴롭힘, (9) 사이버 괴롭힘 등이다. 한국 청소년 개발원의 연구(1998)에서는 "학교 폭력은 청소년기라는 특정한 생득적 환경적 성장 과정에서 욕구를 충족하기 위한 목적으로 대인과 대물에 관계없이 힘의 불균형 상황에서 발생하는 언어적·심리적·물리적 폭력이다."라고 설명하였다. 이처럼 국가와 연구 기관에 따라 의미에 차이는 있으나 공통적으로 강조하는 내용을 종합하면, 학교 폭력이란 '학생들의 개인적 특성과 학교 내외의 사회적 요인들로 의해서 유발되는 범죄적 행위로서 자신보다 신체적 · 심리적으로 약한 위치에 있는 학생에게 가해지는 위협 또는 실제 공격 행동'이라 정의할 수 있다.

학교는 개인이 필요한 지식을 습득하는 곳 이상의 의미를 지니는 독립적인 사회적 구조로서 각 개인에게 중요한 심리적인 의미를 지닌다. 그 안에서 학생들은 지식의 습득할 뿐 아니라 새로운 인간관계를 맺고 또래 집단을 형성하면서 본격적인 사회화 과정을 밟는다. 또한 다양한 대인 관계 기술과 도구를 습득하고 사회적 갈등과 요구를 대처해 나가는 방법을 배운다.

하지만 현재 국내의 학교 상황이 청소년의 발달 과업을 효과적이고 적절하게 수행하기 적합한 환경인지는 의문이다. 학교 폭력 문제가 심각한 사회 문제로 대두된 지 20여 년의 시간이 흘렀고 다양한 대책이 논의되고 있으나 학교 폭력은 저연령화, 집단화, 난폭화되어 가며 더욱 심화 및 악화되고 있음을 알 수 있다.

2. 대한민국의 학교 폭력 현황

우리나라에서 학교 폭력 예방 및 근절을 위한 움직임이 일기 시작한 것은 1990년대 후반부터였다. 정부에서는 2004년부터 「학교 폭력 예방 및 대책에 관한 법률」과 시행령을 제정하는 등 국가적 차원에서 학교 폭력 예방 및 근절을 위한 법, 제도적 기초를 마련하기 시작하였다. 2005년부터는 관계부처가 연계하여 학교 폭력 예방 및 대책 5개년 기본 계획을 수립 · 시행하였으며 2009년 2차 학교 폭력 예방 5개년 기본 계획을 수립하여 시행하고 있다.

청소년 폭력 예방 재단에서 초등학교 4학년부터 고등학교 2학년 학생 6,153명을 대상으로 실시한 2013년 전국 학교 폭력 실태 조사 결과 발표에 따르면 최근 1년간 학교 폭력 피해율은 6.1%로 2011년 18.3%, 2012년 12%에 비해 큰 폭으로 감소하였다(그림 1 참조). 이는 2006년부터 조사한 학교 폭력 피해율 집계 중 가장 낮은 수치이다. 그러나 그림 2에서 확인할 수 있듯이, 학교 폭력 피해 후 고통의 정도는 2012년 49.3%에 비해 56.1%로 높아져 학교 폭력으로 인한 피해 청소년들의 심리적 고통은 과거에 비해 더욱 심해진 것을 알 수 있다. 이와 같은 결과는 학교 폭력이 양적으로 다소 감소하였으나 질적으로 체감하는 학교 폭력은 심각해졌음을 의미한다.

또한 학교 폭력이 시작되는 시기가 점점 앞당겨지고 있다. 학교 폭력을 처음 당한 시기에 대해 조사한 결과 초등학교 6학년이 16.5%로 가장 높게 나타났다. 초등학교 시기에 피해를 입은

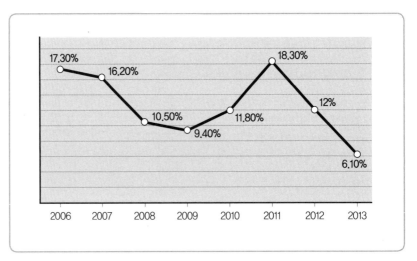

[그림 1]
2006~2013년 학교 폭력
피해율

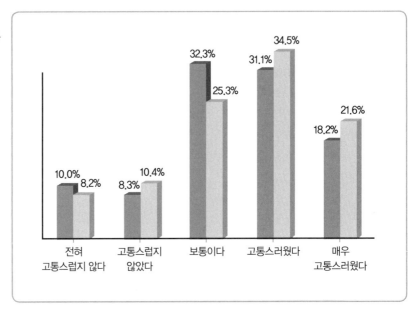

[그림 2]
학교 폭력으로 인한 고통
의 정도

경우는 전체의 75.1%로 2012년의 78.3%에 이어 여전히 높은 비율을 기록하였다. 이러한 결과
들은 피해 학생의 저연령화가 지속되고 있는 것을 보여준다. 이처럼 학교 폭력을 어린 나이 때
부터 경험한 경우 심리적 후유증이 장기화될 우려가 있어서 더 큰 심각성을 가진다.

　더불어 집단적인 따돌림을 당했다고 응답한 비율도 14.5%에서 18.7%로 증가하였다. 가해
학생들 중 집단(가해자 2인 이상)으로 가해를 가했다고 응답한 비율은 2011년 67.9%에서 2013
년 64.6%로 소폭 감소하였으나 여전히 높았다. 이러한 집단 따돌림은 가해자가 여러 명이기 때

문에 다른 가해에 비해 죄책감이 상대적으로 반감될 수 있어 치료 프로그램 등을 통한 개입이 어려워질 수 있다. 학교 폭력 실태 조사를 통해 나타난 결과들은 학교 폭력이 점점 더 저연령화, 집단화, 조직화되는 양상을 나타내고 있음을 보여준다.

3. 학교 폭력의 원인

학교 폭력의 근본적 원인으로 학생들을 둘러싼 환경이나 개인적 요인에 초점을 맞추어 논의를 진행해보도록 하자.

1) 환경적 요인

학교 폭력을 둘러싼 환경적 요인으로 가정, 학교, 사회문화적 환경이 있다.

첫째, 가정 환경은 아동이 태어나서 처음으로 형성하게 되는 인간 관계이자 처음 접하게 되는 환경이다. 그렇기 때문에 가정 환경은 아동이 성장하면서 정서적으로 가장 많은 영향을 받게 되는 요인이다. 특히 인간은 관찰이나 모방을 통해 학습하게 되므로, 가장 많은 시간을 함께 보내는 부모의 영향은 절대적이다. 부모의 불량한 양육 태도, 부모 사이의 불화, 혹은 가정 폭력 등으로 가족의 기능이 잘 수행되지 않은 경우 청소년의 심리 상태가 불안정해질 수 있다. 가해 학생들의 부모들에게서 체벌 등의 물리적·폭력적 교육 방식을 선호하는 권력 주장적 양육 태도나 자녀의 공격적 행동을 묵인하고 허용하는 양육 태도가 많이 나타나는 것도 가정 환경의 중요성을 반증해준다. 부모의 잘못된 양육 태도로 인해 아이들은 부모가 자신들에게 행했던 폭력이라는 문제 해결 방식을 따라서 익히게 되고 이로 인해 폭력에 대한 통제 능력이 낮아져 폭력이나 공격적인 행동 양식을 더 쉽게 행사할 수 있게 된다. 이 외에도 이혼, 부모의 별거 등의 가족의 해체로 인한 실제 가정의 붕괴로 인해 청소년의 공격적이고 충동적인 성향이 증가된다는 보고도 있으나, 이는 직접적인 영향보다는 간접적인 영향에 더 관여한다.

둘째, 가정을 떠나 처음으로 청소년이 마주하게 되는 환경이 바로 학교 환경이다. 특히 청소년기는 자신의 정체성에 대한 고민과 가치관이 형성되기 시작하는 불완전한 시기이기 때문에, 이때 가장 많은 시간을 보내는 학교라는 환경이 향후 청소년의 삶에 아주 중요한 역할을 하게 된다. 학교에서의 부적응은 학교 폭력과 깊은 연관성을 가지고 있다.

특히 대한민국처럼 입시 위주의 교육 환경에서는 학업 성적이 인생의 모든 것을 결정한다는 분위기가 팽배한데 이로 인해 낮은 학업 성취도의 학생들은 입시 경쟁에서 소외되었다는 열등감에 빠지게 된다. 이러한 청소년들이 문제 해결 방법으로 폭력적 행동을 선택하여 학교 폭력으로 이어질 수 있다. 여러 연구에서 학업 성적은 청소년들 사이의 긴장을 유발하는 중요 원인이라고 밝히고 있고, 학업 성취도가 낮은 학생들일수록 학교 생활에 대한 적응도가 떨어져 비행 행동을 하거나 학교 폭력을 행사할 가능성이 높다고 한다. 이러한 성적과 학교 폭력의 부적 상관 관계로 인해 성적이 낮을수록 학교 폭력에 가담하게 될 확률도 높아진다. 그러나 이런 결과들로부터 학교 폭력에 가담하는 학생들이 반드시 학업 성취도가 낮다고 생각하는 것은 위험하다. 폭력은 성적에 상관없이 모두 나타날 수 있는 현상이기 때문이다. 오히려 높은 학업 성취도의 학생이 오히려 더 위험을 감수하려는 행동을 잘하게 되어 비행의 위험이 증가된다는 연구도 있다. 이러한 성급한 일반화의 오류를 대한민국의 입시 환경에서는 낮은 학업 성취도를 가진 학생에게 적용하는 것을 종종 볼 수 있는데, 학교 폭력은 한 가지 이유만으로는 해결되지 않는 점이 많기 때문에 다각적인 접근이 중요하다.

성적보다도 더 직접적인 연관성을 보이는 요인은 바로 친구 관계이다. 이는 갈수록 더 집단화·조직화되고 있는 학교 폭력의 실태와도 무관하지 않다. 청소년기에 아이들은 친구를 가족만큼, 어쩌면 그보다도 더 중요한 대상으로 인식하게 되고 한번 친밀한 관계가 형성되면 높은 집단적 정체성을 가지게 된다. 이때 집단의 가치 규범이 잘 형성되어 있지 않은 경우 잘못된 규범을 지키기 위해 폭력과 같은 비행을 저지를 수 있다. 가해 학생의 경우 폭력 경험이 없는 학생들보다 친구와 높은 애착도를 보인다는 연구 결과는 학교 폭력에서 아이가 형성하고 있는 또래 집단의 중요성을 다시 한 번 상기시킨다.

셋째, 사회 문화적 환경 역시 학교 폭력 발생을 일으키는 원인이 될 수 있다. 스마트폰의 보급과 인터넷의 발달로 인해 과거보다 쉽고 다양하게 대중 매체를 접하게 되면서 그 영향도 더 커졌다. 이러한 환경에서 접하게 되는 다양한 대중 매체들 중에는 폭력적인 프로그램이나 폭력을 미화 혹은 영웅화시키는 프로그램들을 쉽게 접할 수 있다. 이를 통해 폭력에 대해 무뎌지고 폭력을 동경하는 가치관을 발달시킬 위험도 있다. 비단 폭력 허용적인 태도뿐 아니라 물질만능주의, 개인주의의 만연 및 청소년 폭력에 무관심한 사회적 환경이 청소년들에게는 폭력을 허용하는 요인으로 작용할 수 있다.

이 외에도 인터넷의 발달은 타인을 직접 대면하지 않아도 익명이라는 이름 뒤에 숨어서 악의적인 글이나 영상을 통한 무차별적 공격을 가능하게 하였다. 2013년 학교 폭력 실태 조사에서 사이버 폭력을 당했다고 답한 비율은 14.2%로 2012년 4.5%에 비해 3배 이상 증가하였다. 그러나 심각성에 대한 인식 비율은 6.1%로 가상 공간에서 일어나는 폭력의 양은 증가하였음에도 가해 행위에 대한 폐해와 심각성은 제대로 인지되지 않는 것으로 나타났다.

2) 개인적 요인

(1) 청소년의 뇌 발달 및 신체적 변화

사람의 뇌는 완성되어 태어나는 것이 아니라 성장 과정을 통해 끊임없이 변화하며 점차 특유의 신경 회로를 완성해간다. 갓 태어난 아이는 스스로 고개조차 움직이지 못한다. 하지만 돌이 되면 손으로 물건을 잡고 걷기 시작하며 두 돌이 되면 300가지 정도의 단어를 말하기도 한다. 이렇게 인간은 성장하면서 신체 기능의 뚜렷한 발달이 이루어지는데, 이는 각각의 기능과 관련된 두뇌의 성숙에 의한 것이다. 대뇌 피질 중 전두엽의 앞부분, 즉 이마 바로 아래 부분을 전전두엽이라 한다. 전전두엽은 과거의 경험을 토대로 자신의 행동을 계획하고 충동을 조절하는 기능을 한다. 흔히 아이들을 보고 "무슨 생각을 하는지 모르겠다." "대책 없이 행동한다."고 이야기하는 경우가 많은데 이는 아직 스스로의 감정과 행동을 조절하는 전전두엽의 기능이 완성되지 않았기에 벌어지는 일이다. 하지만 나이를 먹어가면서 아이는 언제 그랬느냐는 듯 충동을 억제하고 참을성을 보이며 일을 할 때도 미리 계획을 세우고 시행한다. 흔히 이를 가리켜 사람들은 "이제 철이 들었다."고 이야기 한다. 전전두엽의 기능이 완성되었다는 의미이다.

청소년기는 전전두엽의 발달이 미숙하면서 동시에 많은 변화를 동반하는 시기이다. 이때는 전전두엽보다, 공포와 분노를 조절하는 편도체가 더 큰 역할을 한다. 따라서 이 시기는 성인에 비해 감정적인 자극에 훨씬 예민하고 예상치 못한 행동을 보이며 충동적인 행동 반응을 보이기 쉽다. 결국 이와 같은 특성이 학교 폭력의 중요한 원인이 된다.

(2) 청소년기 아이들을 혼란에 빠뜨리는 호르몬

청소년기의 변화를 이야기하며 빼놓을 수 없는 것이 호르몬이다. 청소년기에는 성호르몬의 분비량이 무척 빠르게 변화한다. 성호르몬은 청소년의 외모와 더불어 마음에도 큰 변화를 일으킨다. 청소년기의 반항과 충동성, 그리고 폭력성은 전전두엽의 미숙함도 한 원인이지만 테스토스테론, 에스트로겐, 프로게스테론 같은 성호르몬의 급격한 변화에도 큰 영향을 받는다.

남성 호르몬인 테스토스테론은 청소년기가 되면 소아기의 1000배까지 분비가 증가한다. 이는 신체뿐 아니라 뇌에도 영향을 주며 청소년의 공격성과 분노, 성적 호기심, 영토 의식을 자극한다. 그래서 정서적인 자극을 받거나 누군가 자신의 영역을 침범했다고 느끼면 청소년은 유달리 쉽게 공격적이 된다. 이는 여자아이도 마찬가지이다. 남자아이에 비해서는 그 정도가 약하나 여자아이 역시 테스토스테론의 분비가 이전에 비해 증가하며 이로 인한 영향을 받게 된다.

청소년기 여자아이들의 변화를 주도하는 호르몬은 에스트로겐과 프로게스테론이다. 사람의 감정을 결정하는 신경 전달 물질에 직접적으로 영향을 미치는 호르몬이다. 사춘기에 이르러 여성 호르몬의 분비는 급격하게 증가하고 또 불안정해지며 이는 청소년의 불안정한 감정 상태로 이어진다. 또 아이들도 자신의 변화된 감정 상태에 심한 혼란과 불안을 느낀다.

(3) 청소년기의 심리적 불안정과 정체성 위기

청소년기의 역할 갈등이나 정체성의 위기로 인해 나타나는 정서의 불안정과 방황과 같은 것들이 학교 폭력을 일으키는 요인으로 작용할 수 있다. 그 밖에 낮은 자아 개념, 높은 공격성과 충동성 등의 요인이 있다. 청소년의 자아 존중감(self-esteem)이 낮고 폭력을 허용도가 높을수록 학교 폭력에 가담할 확률이 높다. 여기에서 나타내는 자아 존중감은 다양한 측면에서 바라볼 수 있는데 학업에 관한 자아 개념이 낮을수록, 또래 관계의 자아 개념이 높을수록 비행에 가담할 확률이 높다. 이는 앞서 학교 환경에서 언급했듯 낮은 학업 성취도, 그리고 또래와의 깊은 애착 관계를 형성할수록 학교 폭력에 가담할 가능성이 높다는 것과도 일치한다. 또한 공격성, 충동성, 좌절감과 같은 내적 요인이 문제 행동을 일어나게 한다고 보기도 한다. 공격성이나 불안 요인이 높을수록 폭력에는 둔감한 경우가 많으며, 이로 인해 폭력을 제어하는 능력인 자기 통제력이나 충동성이 낮아 학교 폭력을 행사하는 경우가 많아진다는 것이다. 이에 관해서는 다음 부분에서 좀 더 자세하게 다뤄보도록 하겠다.

4. 가해자 그룹(Bullies)의 특성

앞에서 언급한 학교 폭력의 개인적 요인에서도 볼 수 있듯 피해자뿐 아니라 가해 학생도 심리적으로 불안정한 경우가 많다. 피해 학생의 경우에는 심리적 특성이 학교 폭력의 원인보다는 결과로 나타나게 되는 데 비해, 가해 학생의 심리적 특성은 학교 폭력을 일으키는 원인으로 작용하는 경우가 많다. 즉 가해 학생의 특성을 연구하고 그에 특화된 프로그램을 개발하여 학교 폭력의 근본적 원인을 치료해야 한다.

Achenbach와 Edelbrodk(1981)은 청소년기에 나타나는 문제 행동들을 외현화 문제 (externalizing problems)와 내면화 문제(internalizing problems)로 나누었다. 외현화 문제 행동은 감정이나 행동이 적절하게 억제되지 못한 것을 의미하고 비행, 공격성 등이 포함된다. 이에 반해 내면화 문제 행동은 소극적이고 사회적으로 내재화되어 과잉 통제되는 행동을 뜻하는데 우울, 불안 등이 포함된다. 청소년 시기에 나타나는 문제 행동들은 정확히 외현화와 내면화 문제로 구분되기 보다는 함께 공존하는 형태를 취하고 있다. 가해 학생들이 또래 학생들에 대해 적대적이고 공격적인 경우가 많고 반사회적이고 우울과 불안에 관한 문제를 동시에 가지고 있는 것에서도 이러한 공존을 확인할 수 있다.

먼저 외현화·내면화 문제 행동의 대표적 현상인 공격성, 우울 및 불안에 대해 기술하고 그 후 다른 선행 연구들을 통해 밝혀진 충동성, 공감 능력 부족, 폭력 허용적 태도, 비합리적 신념에 관해 구체적으로 알아보고자 한다.

1) 공격성

학교 폭력 가해 학생에게 가장 대표적으로 드러나는 심리적 특성은 공격성이다. 공격성은 학교 폭력 가해 여부에 가장 많은 영향을 미치는 요인이며 공격성과 가해 행동은 유의미한 정적 상관관계를 가지고 있다. 가해 학생의 누적된 공격성이 학교 폭력이라는 문제 행동을 통해 드러나게 된다.

공격성의 정의에 관해 간단히 짚고 넘어가 보자. 공격성은 다른 사람에게 의도적으로 신체적·정신적 상처를 내어 상해를 입히는 행동이다. 많은 연구자들이 학교 폭력과 공격성의 관련성에 관해 주목하였다. 가해 학생이 괴롭힘, 폭력, 금품 갈취 등 학교 폭력과 관련된 공격적 행동 문제를 많이 일으키며 공격성이 학교 폭력의 중요한 예측 변인이라는 보고도 있다.

공격성이 높은 아동이 학교 폭력에 가담하게 되는 과정은 다음과 같다. 공격적인 아동 집단일수록 갈등 상황이 발생했을 때 상대방의 의도를 적대적으로 왜곡해서 해석하는 경향이 많다. 그리고 문제를 해결하기 위한 방식으로 공격적인 행동을 사용하는 것에 보다 관대하다. 즉 공격성이 높은 아동은 상황을 제대로 인지 및 처리하지 못하는 인지적 오류로 인해 자신의 공격성을 정당화하고, 폭력적인 행위를 쉽게 허용함으로써 갈등 상황 해결 방법으로 폭력 행동을 신호한다.

학교 폭력의 경우 학교라는 환경에서 학생이 다른 학생에게 공격성을 드러내는 것이라고 볼 수도 있다. 가해 청소년들에게서 학교 폭력을 통해 가장 쉽게, 많이 드러나는 부분이 공격성이다. 그렇기 때문에 많은 치료 프로그램들이 가해 학생의 유의미한 공격성 감소를 프로그램의 목표로 내세우고 있다. 공격성을 일으키게 하는 원인 중 하나가 바로 잘못된 상황 인식과 인지 과정의 오류이므로 올바른 인지 과정의 습득을 위한 훈련과 교육을 통해 공격성이 개선될 수 있다.

2) 우울 및 불안

공격성과 우울, 불안은 각각 외현화 및 내면화 문제 행동으로 얼핏 보면 서로 아주 반대적 성향을 가지는 상극의 성질처럼 보이지만 실제로는 높은 공존율을 가진다. 학교 폭력으로 표출되는 공격성의 기저에는 우울이 주된 정서로 내재되어 있다. 청소년기의 행동 장애와 우울증의 정서적 문제의 관련성은 이미 여러 연구에서 보고된 바 있다.

청소년기에 나타나는 우울은 성인에게서 나타나는 우울과는 다른 양상을 가진다. 일반적으로 성인은 흥미나 즐거움의 저하, 피로나 활력의 상실, 불면과 수면 과다로 나타나지만 소아 청소년의 경우 우울한 기분이 반드시 나타나지는 않는다. 대신 불안, 행동 장애 등으로 나타나게 되며 우울의 정도가 경미하더라도 가출이나 약물 남용과 같은 외현적 증상을 보일 수 있다.

행동화 모델의 관점에서 봤을 때, 내면화 문제 행동인 우울한 기분 등으로 인해 외현화 문제 행동이 드러나게 될 수 있다. 즉 외현화 공격적 행위나 반항, 비행과 같은 외현화 문제 행동으로 표현되면서 청소년기의 우울이 가려지게 되는데, 이를 가면성 우울(masked depression)이라고 한다.

청소년기에는 자신의 우울을 잘 지각하지 못하고, 마음속의 긴장과 갈등을 회피하거나 해소하기 위한 방어 기제로 비행을 하는 형태로 가면성 우울이 나타난다. 그렇기에 청소년기에 우울과 비행이 동시에 나타나는 경우 각각의 문제만을 가졌을 때에 비해 더 위험할 수 있다.

우울과 더불어 가해 학생들은 일반 학생에 비해 높은 불안을 나타내는데, 불안이 높을수록 가해행동도 증가한다. 우울은 불안과도 높은 공존률을 가지는 것으로 알려져 있다. 불안을 느낄 때 본능적으로 사람은 회피적이거나 공격적인 자세를 취하게 된다. 특별한 위협이 없음에도 불안을 심하게 느끼게 되면 그 스트레스를 해소하기 위해 학교 폭력이라는 극단적 선택을 하게 될 수 있다.

우울과 불안은 정서 조절 능력과 밀접한 관련이 있다. 자신의 정서가 어떠한지를 인식하고 이를 조절할 수 있는 능력은 자신의 감정을 자신이 충분히 조절 가능하다는 믿음, 즉 자기 효능감(self-efficacy)을 높여주는 중요 요인이다. 정서 조절 능력은 같은 정도의 불안에 직면하더라도 불안을 낮게 지각하고 더 잘 대처할 수 있게 도와준다. 가해 학생의 경우 정서 조절 능력이 결여되어 있어 우울이나 불안과 같은 부분에서 취약하다. 이 때 정서 조절 능력을 높이는 훈련을 하면 학교 폭력과 같은 문제 행동의 발생의 감소에 기여할 수 있다.

3) 충동성

충동적, 즉 자기 통제력이 부족한 사람은 자신의 행동으로 생기게 될 장기적 결과 혹은 손해를 무시하고 지금 이 순간의 쾌락과 만족을 취하려는 경향을 보인다. 낮은 자기 통제력을 가진 사람일수록 범죄나 비행에 빠지게 될 확률이 높고, 폭력 , 충동 조절 장애, 자기 중심적이고 공격적인 대인 관계를 보이게 된다.

자기 통제력이 낮으면 자신의 욕구를 억누르기 어려워지고 충동적으로 그 욕구를 해결하려고 하게 된다. 그러나 준비가 잘 되어 있지 않고 이렇게 무작정 충동적으로 문제 해결에 뛰어들면 욕구나 목적을 해결할 가능성이 낮아진다. 결국 목적한 바를 이루지 못하고 좌절을 보다 자주 경험하게 되면서 좌절로 인한 공격적인 행동의 빈도가 증가하게 된다. 또한 자기 통제력의 부족은 정서 조절 능력의 부족으로 이어져 자신의 감정, 특히 분노와 공격성을 조절하지 못하고 때와 장소에 맞지 않는 부적절한 반응으로 대인 관계를 악화시키게 된다.

학교 폭력 가해 청소년의 경우 일반 청소년에 비해 충동성이 더 높게 측정되었고, 반대로 높은 충동성 역시 가해 행동에 정적인 관계가 있음이 알려졌다.

앞에서 여러 번 언급했듯 충동성은 낮은 자기 통제 능력과 밀접한 연관이 있기 때문에, 다양한 방법의 자기 통제 훈련을 통해 아동이 새로운 문제 해결 기술을 습득함으로써 갈등 상황에서 보다 바람직한 해결 방법을 택하는 방법을 익히고 이를 통해 자기 통제 능력을 향상시키는 전략이 사용된다.

4) 낮은 공감 능력

2013년 학교 폭력 실태 조사에 가해 학생들을 대상으로 조사한 학교 폭력 피해를 준 이유를 살펴보면 '장난'과 '이유 없다'가 37%를 차지했다. 특별한 이유 없이 학교 폭력이 일어나는 경우가 1/3을 넘을 정도로 많은 부분을 차지한 것이다. 자신의 가해 행동이 피해 학생에게 어떤 영향을 줄 것인지에 대한 특별한 이유 '없이' 학교 폭력을 행했다는 사실은 이들 학생의 공감 능력의 부재를 단적으로 드러낸다.

가해 학생을 대상으로 한 연구들은 이들이 다른 이의 감정이나 고통에 대해 무감각하고, 그들의 행위로 인해 피해 학생이 겪게 될 감정의 변화를 이해하지 못한다고 보고한다. 또한 공감 능력이 낮은 가해자일수록 피해자에게 폭력의 책임을 떠넘기고 자신의 행위에 정당성을 부여하려는 경향을 보였다. 오히려 피해 학생의 감정을 묵살하고 그를 향한 지배 욕구를 학교 폭력의 형태로 드러내는 경우도 있었다. 학교 폭력과 공감 능력이 부적 상관 관계를 보이는 것은 어찌 보면 당연한 것일지도 모르겠다.

이러한 현상은 피해자의 입장과 감정을 잘 이해하고 공감할 수 없었기 때문에 보다 쉽게 학교 폭력이 행해진 것으로 이해할 수도 있다. 그렇다면 반대로 피해자의 관점에서 상황을 재해석해보고, 그 상황에서 피해자의 감정과 마음에 관해 생각해보는 훈련을 통해 긍정적인 효과를 얻을 수 있을 것이다.

5) 폭력 허용적 태도

폭력 허용적 태도는 폭력의 필요성을 인정하고 자신의 행위를 정당화하는 태도로 이는 폭력 가해 행동과도 관련이 많다. 이러한 태도는 폭력의 문제점을 인정하지 않고 폭력에 대한 반성 대신 오히려 상대방의 잘못에 초점을 맞춘다. 폭력이 일어난 상황이 피해자로 인해 발생하였으며 자신은 피해자 때문에 폭력을 휘두를 수 밖에 없었다는 식으로 폭력을 정당화하게 된다.

허용적 태도가 폭력의 정당화로 이어지게 되는 것을 학교 폭력의 관점에서 보면, 폭력 허용적 태도가 높은 학생들이 그렇지 않은 학생들에 비해 학교 폭력 가해 행위를 가담할 가능성이 많다. 실제로 학교 폭력 가해 학생들은 폭력에 대한 자신의 책임은 회피하면서도 폭력에 대해서는 긍정적인 태도를 보였다. 한 연구에서는 가해 청소년은 '따돌림 행위를 해도 무방하다는 신념'이 다른 학생에 비해 높다는 결과를 보고하기도 하였다. 이러한 폭력에 대한 긍정적 태도는 학교 폭력 가해 경험이 많을수록 점점 높아졌는데, 이를 통해 자신의 반복되는 학교 폭력 행위를 정당화하면서 다시 더 많은 학교 폭력을 행하는 악순환이 반복된다.

6) 비합리적 신념

가해 청소년의 공격적 행동은 폭력에 대한 허용적 태도와 더불어 타인에 대한 인정 욕구, 높은 자기 기대, 좌절 반응, 과잉 불안, 의존성 등의 비합리적 신념이 영향을 미친다. 비합리적 신념은 자기 파괴적 행동과 정서의 원인이 되는 사고방식이다. 비합리적 신념은 적대적 귀인과 같은 인지적 오류를 일으켜 폭력으로 이어지게 한다.

가해 청소년의 규범적 신념에 관한 연구에서 가해 집단은 '따돌림 행위는 자존감을 높여준다는 신념'과 같은 비합리적 신념을 더 많이 가지고 있었다. 한 예로 자아 존중감이 낮은 학생의 경우 다른 학생들이 자신을 이상하게 생각한다고 믿는 비합리적 신념을 가지기 쉽다. 이 경우, 친밀감의 표현으로 별명을 부르는 행동을 자신을 놀리는 행동으로 해석하면서 자신이 열등한 존재가 아님을 증명하기 위해 공격적인 행동을 일으킬 수 있다.

비합리적 신념과 폭력에 대한 허용적 태도는 폭력에 대한 행위를 정당화하는 수단으로 사용되어 반복적이고 지속적인 공격성을 나타내게 된다. 가해 학생들의 잘못된 신념과 폭력에 대한 태도가 그들의 공격성, 우울, 불안이나 충동성을 촉발시키는 원인으로 작용할 수 있다. 그들이 올바르고 건강한 신념을 가지도록 도와주는 것이야말로 학교 폭력을 뿌리뽑고 가해 학생들의 앞으로의 인생을 올바르게 인도해주는 진정한 방법일 것이다. 자신에 대해 돌아보고 폭력에 관한 올바른 정보 습득 등의 치료 프로그램을 통해 이러한 신념과 폭력에 대한 허용적 태도를 교정해볼 수 있겠다.

학교 폭력은 청소년들의 정신 건강과 직접적으로 연관되어 있다. 학교 폭력 피해를 입은 아이들 중 상당수가 우울, 불안, 자살 사고와 같은 정신병리를 경험한다. 또한 학교 폭력의 영향은 단순히 청소년기에 머무르지 않으며 성인기에도 지속적인 영향을 줄 수 있다. 실례로 청소년기의 신체적 · 언어적 폭력을 당한 아이들은 성인이 된 이후에도 우울, 불안, 자살 사고 및 약물 중독 가능성의 가능성이 높다는 보고가 있다(Klomek et al., 2011).

따라서 학교 폭력의 문제는 단순한 폭력 이상의 의미를 가지고 있다. 또한 학교 폭력 예방은 다음 세대를 책임질 사회 인적 자원에 대한 필수적인 투자의 일환으로 생각하고 대처해야 할 것이다. 또한 아이들에게 실질적인 도움을 줄 수 있도록, 다양한 아동 청소년 전문가들의 적극적인 참여가 이루어 질 수 있는 환경이 시급히 조성되어야 한다.

5. 기존 프로그램 소개

1970년대 미국은 No mercy to bullying 정책을 시행한 바 있다. 학교 폭력 문제에 대한 처벌을 강화하여 폭력 문제를 해결하고자 한 것이다. 하지만 후속 연구들은 이 정책이 학교 폭력의 감소에는 큰 도움이 되지 못했다는 결론을 내렸다. 이후 미국에서는 학교 폭력의 예방과 관련한 포괄적인 내용이 포함된 '괴롭힘 금지법(anti-bullying laws)'을 제정하여 시행하고 있다. 주에 따른 차이는 있으나 이를 통해 학교 폭력이 벌어졌을 시 교직원 및 학생들의 보고를 의무화하였고, 학교 단위의 개입, 훈육 절차를 분명히 하였다. 무엇보다 학교 단위에서 학교 폭력의 예방과 개입을 위한 프로그램을 의무화하였다는 특징이 있다.

이후 다양한 형태의 학교 폭력 예방 프로그램이 개발되었으며 그중 가장 효과성을 인정받은 것이 Olweus의 괴롭힘 예방 프로그램(Olweus bullying prevention program, OBPP)이다. OBPP는 학생들 사이의 괴롭힘 문제를 감소시키고 새로움 문제의 발생을 예방하며 학교에서 보다 나은 또래 관계를 만드는 것을 목적으로 한다.

국내에서는 '학교 폭력 예방 및 대책에 대한 법률'이 제정되어 시행되고 있으며 2012년에는 관계부처 합동으로 '학교 폭력 근절 종합 대책'이 발표되었다. 국내에서도 연구자와 기관을 통해 학교 폭력의 예방과 개입을 위한 다양한 프로그램들이 개발 되어 왔다. 그러나 아직 프로그램의 효과성에 대한 비교 연구들이 체계적으로 이루어지지 않은 상태이다.

6. 본 프로그램의 특성과 활용에 대하여

본 프로그램은 총 8회기로 구성되어 있다. 각 회기 소요 시간은 2시간이므로 프로그램을 마무리 하는데 총 16시간이 소요된다. 프로그램을 적용할 대상 청소년의 상이하므로 아이들의 특성에 맞는 프로그램의 수정이 필요할 수 있다.

이에 우리는 프로그램을 최대한 모듈화하여 구성하였다. 본 프로그램은 각각의 회기별로 독립적인 주제를 가지고 있어 필요에 따라 조정하여 진행하기에 용이하다. 예를 들어, 공감 능력에는 큰 문제가 없으나 갈등 대처 능력의 부족으로 인해 폭력적인 행동을 반복하는 아이들 그룹이 있다면 '자기 통제 및 문제 해결'이나 '의사 소통 훈련' 회기를 늘려 배치할 수 있다. 반면 공감 능력에 문제가 보이는 아이들이라면 해당 회기를 강화할 수 있을 것이다.

또 아이들의 폭력에 대한 감수성을 높이고, 피해자의 입장에서 바라볼 수 있도록 하기 위해서는 학교 폭력과 관련된 실제 사례를 접하거나 수필, 소설, 영화와 같은 창작물을 감상하는 것이 많은 도움이 된다. 하지만 개인 정보 보호 및 저작권의 문제로 본 매뉴얼에는 관련된 충분한 자료를 싣지 못했다. 프로그램에 참여하는 학생들이 회기 중간에 과제의 일환으로 학교 폭력과 관련된 사례와 작품을 경험하고 서로 공유하는 시간을 가지는 것도 많은 도움이 될 것이다.

7. 본 프로그램의 효과성에 대하여

본 프로그램이 실제 청소년 가해 학생들에게 얼마나 효과가 있는지 많은 독자들이 궁금해 하리라 생각된다. 본 프로그램의 시행은 대한신경정신의학회의 후원과 경찰청의 지원으로 전국에 걸친 병의원에서 실제 진행이 되었다. 또한 그 과정에서 본 프로그램의 효과성 평가가 지난 2년간 지속적으로 진행되고 있다. 첫해에는 130여 명을 대상으로 한 프로그램이 진행되었고, 둘째 해에는 대상군이 좀 더 확대되어 약 400여 명을 대상으로 진행되고 있다. 이 2번의 프로그램 진행과 평가 연구는 대조군을 활용한 이중맹검 연구는 아니었지만, 철저한 치료 전 평가와 치료후의 변화를 규명한 연구로는 의미 있는 결과를 얻고 있다. 2번의 연구를 통해 파악된 것은 본 프로그램이 가해 학생들의 공격성과 충동성을 감소시키고 분노 조절을 향상시키며 피해자에 대한 죄책감과 재발 방지 효과를 갖게 하는 데에 도움이 된다는 점이었다. 또한 도덕적 판단을 하는 데에 보다 나은 태도를 보이는 것으로 평가되었다. 2차년도 연구에서는 본 프로그램의 심리적·정서적 효과 외에 프로그램 전후 뇌 구조 및 연결성의 변화를 가져오는지에 대한 뇌영상학적 연구가 함께 진행되고 있다. 이 내용은 추가적인 논문을 통해 자세히 보고될 것이다.

중 · 고등용

프로그램 매뉴얼

8회기 매뉴얼

회기	주제	제목	프로그램 주요 내용
1	동기 부여 및 라포 형성	만나서 반가워!	• 프로그램 참여 목적 및 필요성 인식, 규칙 정하기 • 참여자 서로에 대해 알아가기
2	폭력에 대한 올바른 이해	이것도 폭력!	• 폭력의 개념과 범위 올바르게 이해하기 • 폭력의 결과, 파급 효과, 학교 폭력으로 인해 받을 수 있는 처벌 이해하기
3	조망 수용, 전환 및 공감 능력 향상	열린 마음, 열린 생각	• 상대방을 다른 관점에서 이해하기 • 학교 폭력 피해자의 감정 체험하기(빈 의자 기법)
4	분노 조절(1)	화 다스리기!	• 나의 분노 패턴 발견하기
5	분노 조절(2)	진짜 속마음!	• 분노 뒤에 숨은 진짜 마음 찾기
6	자기통제 및 문제 해결	지혜롭게 대처하기	• 나의 갈등 대처 유형, 갈등 해결 유형 알아보기 • 부정적인 감정을 다루는 방법 익히기
7	의사소통 훈련	귀를 기울이면	• 효과적인 의사 전달법 익히기(연습하기) : I-message 훈련
8	긍정적 자아상, 희망 갖기	나의 꿈, 나의 미래	• 프로그램을 통해 달라진 나의 모습 발견하기 • 꿈꾸는 미래의 모습을 떠올려 보며 긍정적 자아상 갖기 • 꿈을 이루기 위해 내가 노력해야 할 일 생각해보기

프로그램의 주제 및 기대효과

1. 폭력에 대한 올바른 이해
- 학교 폭력의 정의와 종류 및 대처방법을 올바르게 이해하도록 함
- 학교 폭력 사건의 전후 맥락을 파악함으로써 갈등행동의 원인을 이해하게 함

2. 조망 수용 / 조망 전환
- 타인의 관점을 알고 수용하는 과정에서부터 배려와 공감이 시작됨을 이해하고, 유연하고 다양한 시각에서 타인을 이해하는 훈련을 함
- 조망 수용능력 향상을 통해 사회적 상호작용을 효율적으로 하고 바람직한 인간관계를 유지하는 데 도움이 되도록 함

3. 분노 조절
- 자신의 분노 감정을 올바르게 이해하고 효과적으로 다스리는 방법을 익히도록 함
- 상황에 대한 생각을 바꾸면 감정과 행동이 달라질 수 있음을 인식하게 함
- 하나의 사건에 대해 다양한 해석과 긍정적인 생각을 할 수 있도록 함

4. 자기통제 및 갈등 해결
- 갈등 상황 및 대인관계에서 자신의 부정적인 사고방식과 행동 패턴을 인식함
- 효과적인 갈등 해결 방법을 훈련하도록 함

5. 의사소통 훈련
- 또래관계 상황에서 적절한 대인관계 및 의사소통 기술을 익히게 함
- 공감적 이해를 바탕으로 상대방의 입장을 헤아리고 이야기할 수 있도록 함

6. 긍정적 자아상 갖기
- 자신의 긍정적인 모습들을 발견하고 미래에 대한 희망을 갖도록 함
- 미래의 바라는 모습을 이루기 위해 오늘의 내가 노력해야 하는 부분에 대해 이해하도록 함

만나서 반가워!

주제

프로그램의 의미와 목적 이해, 참여 동기 부여, 라포 형성

① 파트너 소개하기

② 공동의 규칙 정하기

③ 개인의 목표 설정하기 & 규칙 정하기

목표

- 프로그램의 목적을 이해하고, 참여기간 동안 함께 지켜야 할 규칙을 정한다.
- 자기소개를 통해 참가자들 서로에 대한 친밀감을 형성한다.
- 참가자들의 프로그램 참여 동기를 구체화한다.

도입

① 들어가기

② 인사 및 지도자 소개

③ 별칭 짓기

④ 참가자들의 자기소개

⑤ 프로그램 전반에 대한 소개

⑥ 이름 외우기 게임

준비물

- 활동지 : 내 짝꿍을 소개합니다, 우리가 함께 지켜야 할 약속, 나 자신과의 약속, 과거, 현재, 미래의 나
- 명찰, 매직, 사인펜, 규칙판, 양면테이프, 가위, 타임캡슐용 박스

들어가기

● 프로그램 전반에 대한 오리엔테이션을 실시한다.

"오늘부터 우리가 함께할 프로그램이 무엇인지 알고 있나요?"

"어떤 것을 함께할 것이라 생각하며 왔어요? 우리가 이곳에서 무엇을 하면 좋겠어요?"

"아~ 그런 생각들을 하면서 이곳에 왔군요."

"그러면 오늘부터 우리가 어떤 것들을 함께하게 될지 소개할게요."

● 프로그램의 목적과 일정, 프로그램에 참가해야 하는 이유, 프로그램에 적극적으로 참여하지
  않았을 때 취할 수 있는 조치에 대해 설명한다.

● 프로그램에서 진행되는 모든 활동에는 정답이 없음을 알린다.

"우리가 앞으로 함께할 모든 프로그램은 누가 잘하고 못하고가 있거나 정답이 정해져 있는 것
이 아니에요. 그러니까 솔직하고 편안하게 자기 생각을 그대로 표현하고, 적극적으로 참여하
는 것이 가장 중요해요."

인사 및 지도자 소개

지도자 개인에 대한 소개를 간단히 한다.

별칭 짓기

자신이 이번 프로그램에 참여하는 동안 불리고 싶은 이름을 떠올려 별칭으로 정하고 이를 이름
표에 적도록 한다.

참가자들의 자기소개

참가자들이 돌아가면서 별칭의 의미를 포함하여 간략하게 자신을 소개하도록 한다. 이때 이번
프로그램에 참여하게 된 동기, 프로그램을 통해서 얻고 싶은 것, 바라는 것, 염려되는 것 등을 자
유롭게 이야기하도록 한다. 이때 가능한 참가자들이 스스로 자기소개를 시작하기를 기다리고,
만일 아무도 먼저 시작하지 않는 경우에는 지도자가 옆 사람부터 먼저 시작하도록 안내한다.

프로그램 전반에 대한 소개

● 프로그램의 목적과 일정, 프로그램에 참가해야 하는 이유, 프로그램에 적극적으로 참여하지

않았을 때 취할 수 있는 조치에 대해 설명한다.

● 프로그램에서 진행되는 모든 활동에는 정답이 없음을 알린다.

"모든 프로그램은 누가 잘하고 못하고가 있거나 정답이 정해져 있는 것이 아니에요. 그러니까 솔직하고 편안하게 자기 생각을 그대로 표현하고, 열심히 참여하는 게 가장 중요해요."

이름 외우기 게임

참가자들의 이름을 계속 덧붙여 가며 마지막에 자신의 이름을 말하도록 한다. 게임이 진행될수록 옆에 있는 다른 참가자들의 이름을 더 많이 외워야 하는 게임으로서, 참가자들 모두가 모든 참가자들의 이름을 어느 정도 숙지할 수 있을 때까지 진행하는 것이 좋다.

"이제부터는 친구들의 이름을 외워보도록 할 거예요. 한 사람이 자신의 별칭을 말하면 옆 사람은 그 사람 별칭에 자신의 별칭을 이어서 말하면 돼요."

저는 '하늘'입니다.

저는 '하늘' 옆에 '바다'입니다.

저는 '하늘' 옆에 '바다' 옆에 '나무'입니다.

별칭 짓기 변형 (스스로 자신의 별칭을 짓는 것을 어려워하는 경우에도 사용 가능)

● 3명이 한 조가 되어 둥글게 마주보고 앉는다. 명찰 용지를 하나씩 나누어주고, 각자 이번 훈련과정 동안 불리고 싶은 별칭 한 가지를 한 장의 종이에 하나씩 적는다.

● 이번엔 1인당 명찰 용지를 2장씩 나누어주고 자기 조원 두 사람의 분위기나 인상을 고려하여 부르기 좋고 듣기 좋은 별칭을 한 가지씩 지어서 적어준다. 모두 적은 후에는 그 별칭을 지어준 이유와 별칭의 의미를 서로 설명해준다.

● 각자 세 가지씩 만들어진 별칭 중에서 가장 마음에 드는 것을 한 가지 선택하게 한 후, 그 별칭을 명찰케이스에 넣는다.

● 전체 참가자가 모여 한 사람씩 그 별칭을 선택한 이유와 함께 자신의 별칭을 소개한다.

● 자신과 다른 사람들에게 별칭을 지어주는 동안 느낀 기분이나 현재의 느낌을 함께 나눈다.

파트너 소개하기

1. 인터뷰에 쓰일 질문이 적혀 있는 〈활동지 : 내 짝꿍을 소개합니다〉를 나누어주고 2명씩 짝을 지어준다.

2. 각자 자신의 짝에 대해 활동지에 적혀 있는 내용을 인터뷰하듯이 물어보도록 한다.

3. 각자 자신의 짝을 인터뷰한 내용을 소개한다.

● 활동지 ●

내 짝꿍을 소개합니다

- 이름

- 별명

- 형제 관계

- 취미 및 관심거리

- 좋아하는 노래

- 좋아하는 음식

- 좋아하는 계절

- 좋아하는 음악

- 좋아하는 연예인

- 지금 나의 기분

- 10년 후에 바라는 내 모습

- 앞으로의 꿈

공동의 규칙 정하기

1. 프로그램 진행 시 반드시 지켜야 할 규칙이 있어야 할 필요성을 설명한다.

"우리가 앞으로 이곳에서 편안하고 즐겁게 함께하기 위해서는 서로 지켜야 할 것들이 있어요. 서로에게 도움이 되고 편안한 시간이 되기 위해서 우리가 반드시 지켜야 할 규칙들에는 어떤 것들이 있을까요? 지금부터 함께 생각해보고 규칙을 정해보도록 해요."

2. 프로그램을 진행하는 동안 함께 지켜야 할 규칙을 참여자들 스스로가 정할 수 있도록 한다. 만약 이러한 규칙이 지켜지지 않을 때 어떠한 행동이나 역할을 할지도 결정해본다.

3. 미리 준비된 규칙판에 각자 적은 규칙을 하나씩 붙여서 규칙을 완성하고, 완성된 규칙을 큰 소리로 함께 읽어보도록 한다.

"이것은 여러분들이 스스로 이것만은 꼭 지켜야 한다고 정한 규칙들이에요. 한번 큰 소리로 다 같이 읽어볼까요?"

"이 약속들을 잘 지켜 나간다면 이 시간을 좀 더 재미있게 보낼 수 있을 뿐 아니라 여러분 각자가 많은 것을 얻어갈 수 있는 의미 있는 시간이 될 거예요. 앞으로 항상 이 약속들을 꼭 지킬 수 있도록 함께 노력해 나가도록 해요."

규칙을 정하는 과정에서 활용할 수 있는 질문

- 서로 다치지 않고 안전을 유지하기 위해 필요한 규칙은 무엇일까?
- 우리 모두 한 팀이라고 느낄 수 있기 위해서는 어떤 규칙이 필요할까?
- 집단 활동을 방해하는 행동은 어떤 것일까?
- 주어진 과제를 잘해내기 위해서 필요한 규칙은 무엇일까?
- 상대방의 기분을 나쁘게 하거나 규칙을 깰 경우 상황을 바로잡기 위해 어떻게 해야 할까?

우리가 함께 지켜야 할 약속

- 하나

- 둘

- 셋

- 넷

- 다섯

- 여섯

- 일곱

- 여덟

- 아홉

- 열

년   월   일

이름: (서명)

개인의 목표 설정하기 & 규칙 정하기

1. 앞으로 프로그램에서 다루게 될 내용 및 목표에 대하여 확실히 인식시키며, 각자 프로그램 참여에 대한 동기를 부여할 수 있도록 유도한다.

2. 각자 자신의 모습을 살펴보면서 이 프로그램을 통해 버리고 변화시키고 싶은 나의 모습이 있는지, 또한 어떤 모습으로 변하고 싶은지 〈활동지 : 과거, 현재, 미래의 나〉를 나누어주고 적어보도록 한다.

"여러분들 각자 이 프로그램을 통해서 달라지고 싶은 자신만의 목표가 있을 거예요. 그게 어떤 것인지 한번 찾아보는 시간을 가져볼게요. 과거의 모습 중에 버리고 싶은 나의 모습이 있나요? 한번 〈과거의 나〉 칸에 적어보세요."

미래의 나의 모습에 대해 적을 때에는 이 프로그램을 통해 '내가 변화하고 싶은 모습'에 초점을 맞추어 쓰도록 지도한다.

3. 각자 작성한 〈활동지 : 과거, 현재, 미래의 나〉를 참가자들의 이름이 적힌 박스(타임캡슐)에 넣고 테이프로 봉하거나 열쇠로 잠궈 놓는다. 이 타임캡슐은 프로그램이 끝난 뒤 열어볼 것이라고 알려준다.

"이 타임캡슐은 프로그램이 끝나는 마지막 회기에 열어볼 거예요. 마지막 회기에는 여러분들이 적어 놓은 대로 원하는 모습으로 변한 모습을 볼 수 있기를 바라요. 그러기 위해서는 우리 모두 적극적으로 프로그램에 참여하며 노력해야겠죠?"

4. 마지막으로 원하는 목표를 이루기 위해 각자가 프로그램에 참여하는 동안 지키고 싶은 자기 자신과의 약속이나 규칙을 생각해보고 〈활동지 : 나 자신과의 약속〉에 적어보게 한 후, 함께 그 내용을 나눈다. 이때 다른 사람의 발표를 들으며 자신 또한 지키고 싶다고 생각되는 내용이 있으면 자신이 정한 규칙에 추가하여 적을 수 있도록 한다. 서약서에 서명을 하게 함으로써 자신이 적은 내용에 책임감을 느낄 수 있도록 한다.

과거, 현재, 미래의 나

- 과거의 나

- 현재의 나

- 미래의 나

나 자신과의 약속

● 하나

● 둘

● 셋

● 넷

● 다섯

년   월   일

이름 :   (서명)

정리

- 프로그램 참여를 통해 느낀 점, 앞으로 기대되는 점, 걱정되는 점 나누기

"오늘 첫 시간이었는데 프로그램에 참여하면서 혹시 궁금한 점이 있나요? (질문을 받는다.) 첫 시간이라 어색하고 불편한 점들도 있었을 텐데, 여러분 모두 열심히 참여해주어서 고마워요. 이번 시간이 어땠는지 돌아가면서 한 사람씩 이야기해볼까요?"

- '각 회기의 참여소감을 5글자로 이야기해보기'와 같은 방법을 매 회기 정리 시간에 활용할 수 있다(예 : 어라 재밌네, 조금 어색해 등).
- 다음 시간에 대한 공지

주의사항

- 참여자들이 작성한 규칙이 모호하지 않도록 도와준다.
- 지켰을 때의 보상과 안 지켰을 때의 벌을 참여자들 스스로 정하도록 한다.
- 참여자들의 잘못된 행동으로 프로그램에 참가하게 된 것을 명확하게 인식하게 하되, 프로그램과 각 참여자들의 긍정적인 요인들을 알려줌으로써 참여자들이 강압적이거나 낙인찍히는 느낌이 들지 않도록 한다.
- 프로그램에 적극적으로 참여하지 않았을 때 참여자들에게 취해질 수 있는 조치에 대해 설명하되 지나치게 강압적인 느낌이 들지 않도록 한다.

[참조] 활동 중 함께 지켜야 할 규칙

1. 빠지지 않고 제시간에 참여하기(사정상 결석을 해야 할 경우 보호자의 확인 필요)
2. 프로그램 진행 중에는 휴대전화 사용하지 않기
3. 프로그램에 적극적으로 참여하기
4. "몰라요.", "그냥 그랬어요." 등의 성의 없는 대답 안 하기
5. 상대방의 의견이 나와 다르더라도 존중하기
6. 상대방의 표현이 내 기분에 거슬리더라도 공격적인 반응(화내기, 욕설하기, 시비걸기, 빈정거리기, 집적거리기 등)을 하지 않기
7. 음주, 흡연 금지
8. 뒷정리 잘하기(사용한 물품 정리정돈, 쓰레기 잘 치우기)
9. 집단에서 알게 된 내용과 함께 나눈 이야기들에 대해서 언제 어디서나 반드시 비밀 지키기
10. 집에 도착하면 보호자가 확인 전화하기
11. 프로그램 진행과정에서 폭력행동 및 욕하지 않기
12. 친구들의 말을 중간에 자르지 않고, 귀 기울여 듣기

이것도 폭력!

주제

폭력에 대한 올바른 이해

① 폭력의 정의와 종류에 대해 이해하기 : 신체적 / 언어적 / 관계적 폭력

② 진실 혹은 거짓

③ 학교 폭력으로 인한 파급효과 생각하기

④ 학교 폭력으로 인한 처벌에 대해 배우기

목표

• 학교 폭력의 개념을 인식하고, 장난과 폭력을 구분하도록 한다.

• 학교 폭력의 성립조건을 이해하여 학교 폭력에 대해 올바로 인식하도록 한다.

• 학교 폭력의 결과를 인식하고, 자신의 행동으로 인한 파급효과를 이해하도록 한다.

• 학교 폭력에 대한 처벌 내용과 절차를 구체적으로 인식하도록 한다.

준비물

• 활동지 : 학교 폭력 상황카드, 학교 폭력 단어카드, 학교 폭력 단어카드 분류판,
  OX 게임용 문장, 하늘로 보내는 편지

• 학교 폭력에 대한 영상물 : 〈이제 네가 말할 차례〉

폭력의 정의와 종류에 대해 이해하기

"여러분들은 '학교 폭력'이 무엇인지 구체적으로 알고 있나요? 어떤 행동을 가지고 학교 폭력이라고 하는지 잘 모르는 경우가 많은 것 같은데 여러분들은 어떤가요? 학교 폭력이 무엇인지 잘 모른다면, 물론 그런 일이 없으면 좋겠지만, 학교 폭력을 당하는 상황이나, 학교 폭력을 목격하게 되는 상황에서 적절하게 대처할 수가 없어요. 폭력과 관련된 상황에 처했을 때 올바르게 대처하기 위해서 우선 '학교 폭력'이 무엇인지 이해하는 것이 중요해요."

1. 폭력의 종류 분류하기 : 신체적 / 언어적 / 관계적 폭력

"폭력에는 여러 가지 종류가 있어요. 크게 신체적, 언어적, 관계적 폭력으로 나누어볼 수 있는데, 우선 신체적 폭력은 친구의 몸을 건드려서 아프게 하거나 힘들게 하는 행동들을 말해요. 언어적 폭력은 친구의 약점을 가지고 말로 상처를 주는 행동이고, 관계적 폭력은 친구를 따돌리고 무시하는 행동을 말해요."

친구들을 괴롭히는 행동이 포함된 〈활동지 : 학교 폭력 상황카드〉의 사례를 읽어주면서 이것이 무슨 상황인지에 대해 묻고 이 행동이 학교 폭력인지 아닌지를 맞추어보도록 한다.

"지금부터 제가 읽어드리는 사례를 잘 듣고 이 사례가 학교 폭력에 해당하는지 함께 생각해보는 시간을 가질 거예요. 그리고 학교 폭력의 세 가지 유형, 즉 신체적 괴롭힘, 언어적 괴롭힘, 관계적 괴롭힘 중 어디에 해당하는지 맞춰보세요."

2. 〈활동지 : 학교 폭력 단어카드〉를 활용하여 폭력카드의 단어 분류를 통해 폭력의 개념에 대해 이해한다.

"자, 여기에 단어카드들이 여러 개 있지요. 이 단어카드들 중에서 친구들을 괴롭히고 힘들게 하는 행동을 구분해 볼 거예요. 만약 폭력 행동일 경우에는 세 가지 괴롭힘 행동 중에 어디에 속하는지 생각해보고 해당하는 곳 분류판에 붙여보도록 하세요."

3. 장난과 폭력 구별하기 : 장난과 괴롭힘 행동의 차이에 대해서 생각해볼 수 있도록 한다.

"그렇다면 장난과 괴롭힘은 어떻게 다를까요? 여러분들은 어디까지가 장난이라고 생각하나요? 장난은 친구들 사이에서 흔히 벌어지는 일로 친한 친구들끼리는 때로는 짓궂은 장난을 하면서 함께 웃고 즐기기도 하죠. 하지만, 장난으로 인해서 친구가 기분이 언짢고 화가 나고 위협감을 느끼면 그것은 더 이상 장난이 아니에요. 또한, '그만해'라고 했는데도 계속 장난을 친다면 그때는 더 이상 장난이 아니에요. 그것은 폭력이 되는 것이에요."

학교 폭력 상황카드

● **신체적 폭력**

　— '야!' 하며 ○○를 툭 밀친다. 짜증나게 별 반응이 없다. 이번에는 머리카락을 잡아당긴다.

　— 쉬는 시간이다. 안 그래도 출출하던 중에 ○○가 간식을 먹고 있는 게 보인다. 맛있어 보여서 '잠깐 맛 좀 보자'며 통째로 들고 내 자리에 가지고 와서 다 먹어버렸다.

　— 오늘 시험인데 공부를 안 했다. 시험 보는 도중에 앞에 앉은 ○○의 의자를 툭툭 치며 시험지를 보여달라고 했다.

● **언어적 폭력**

　— ○○이 머리를 감지 않았는지 머리에서 냄새가 났다. 집에 가면서 다른 친구에게 "야~ 오늘 ○○이 머리냄새 나서 죽는 줄 알았어! ○○ 너무 더럽고 역겹지 않냐?"라고 말했다.

　— 성이 채 씨인 친구가 있다. 키도 작고 빼빼 말라서 평소에 "야! 채소!"라고 부른다. 내가 생각해도 기가 막힌 별명이다.

　— 친구가 자꾸 짜증나는 행동을 해서 엄청 거슬린다. 그래서 정신 좀 차리고 똑바로 하라고, 짜증난다고 생각날 때마다 문자를 보낸다.

　— 우리 반에 뚱뚱하고 못생긴 ○○는 아이들과 잘 어울리지도 못해서 맨날 혼자다. 조금 미안하기도 하지만 어차피 왕따인 아이니까 '뚱땡이'라고 실컷 놀려먹는다.

● **관계적 폭력**

　— ○○은 툭하면 잘난 척에 하는 짓마다 재수가 없다. 아무래도 손을 좀 봐줘야겠다. 체육 시간에 ○○를 어느 팀에도 끼워주지 않았다.

　— 체육 시간이다. 평소에 체육을 제일 잘한다고 인정받던 나인데, 오늘 ○○가 나보다 잘한다고 주목을 받았다. 어쩌다 한 번 잘한 주제에 ○○가 우쭐거리는 것 같고 짜증이 난다. 그래서 체육 시간 이후로 ○○가 말을 걸어도 대답도 안 하고 눈도 안 마주치고 있다.

　— 체육 시간에 반에서 도난 사건이 터졌다. 분명 평소에 빌빌거리고 찌질한 ○○가 훔쳐간 게 분명하다. 반 아이들에게 ○○가 도둑질을 했다고 다 퍼트렸다.

학교 폭력 단어카드

발로 차기	이름 가지고 놀리기	째려보기
옷 더럽히기	외모 가지고 놀리기	말 안 걸기
머리 잡아당기기	비꼬아 말하기	대답 안 하기(씹기)
반찬 빼앗아 먹기	부모님 흉보기	피하기
심부름 시키기	욕하기	비웃기
꼬집기	나쁜 소문 퍼트리기	친구와 눈 안 마주치기
밀치기	뒤에서 험담하기	친구 보며 얼굴 찡그리기
발 걸기	싫어하는 별명 부르기	불러도 모른 척하기
머리 때리기	소리 지르기	친구가 돕는 것 막기
연필로 쿡쿡 찌르기	가정 형편 놀리기	친구 앞에서 귓속말하기
돈 뺏기	위협하는 쪽지 보내기	실수하면 낄낄대며 웃기
준비물 빼앗기	성적 가지고 흉보기	놀이에 끼워주지 않기
숙제 시키기	협박하는 문자 보내기	문자나 전화 무시하기
주먹으로 때리기	내 잘못 뒤집어씌우기	이간질하기
어깨 두드리기	모르는 문제 알려주기	숙제 도와주기
말 걸기	준비물 빌려주기	집에 같이 가기
칭찬해주기	간식 나눠 먹기	놀이에 끼워주기

학교 폭력 단어카드 분류판

● 신체적 폭력

● 언어적 폭력

● 관계적 폭력

● 비폭력

진실 혹은 거짓

1. 〈활동지 : OX 게임용 문장〉을 이용하여 폭력에 대한 진실, 거짓 여부를 살펴본다.
   - 이때 학교 폭력이 발생할 경우 이에 대한 조치 단계 및 학교 폭력으로 받을 수 있는 처벌 등의 내용을 담아 참여자들이 학교 폭력으로 인해 받을 수 있는 처벌에 대해 자연스럽게 이해하고 학교 폭력은 처벌을 받을 수 있는 범죄임을 인식할 수 있도록 한다.
   - OX 팻말을 준비하여, 게임 형식으로 참여자들이 각자 생각하는 답 쪽으로 이동하도록 한다. 이때 계속 정답을 맞추어 가장 늦게까지 남아 있는 참여자에게 작은 보상을 제공한다. 분위기에 따라 패자부활전 제도를 적용할 수 있다.

2. 집단원이 가장 많이 틀린 문항을 체크해 집단원들이 맞다고 생각하는 이유를 들은 후, 틀린 이유를 알려준다.

3. 폭력 상황에서의 방관자의 역할에 대해서도 강조하여 설명한다.

4. 학교 폭력에 대해 새롭게 알게된 부분이나 느낀 점 등을 함께 나누어본다.

OX 게임용 문장

내용	정답
사소한 행동이나 장난으로 친구를 놀리거나 괴롭히는 것도 폭력이다.	O
정의로운 폭력이라 해도 폭력은 나쁜 것이다.	O
진짜 맞을 만한 짓을 하는 친구들은 맞아야 한다.	×
재미로 괴롭히거나 때리는 행위는 정말 비열한 것이다.	O
내 생각이 옳다면 나와 생각이 다른 친구들은 때려서라도 설득해야 한다.	×
자주 맞는다면 분명 맞는 친구에게 문제가 있을 것이다.	×
친구들이 괴롭힐 때 참지 말고 주변에 알리고 도움을 요청해야 한다.	O
때로는 말보다 한 번의 주먹이 훨씬 효과적이다.	×
여자를 때리는 것은 비겁한 일이지만 남자들끼리는 괜찮다.	×
때리거나 괴롭힐 때 친구가 '싫어'라고 말해도, 실제로 속으로는 즐기는 것이다.	×
사람을 차별하는 일도 폭력이다.	O
친구들과 어울리려면 하기 싫어도 다른 사람을 괴롭힐 때 같이 괴롭혀야 한다.	×
내가 힘이 세다는 것을 꼭 남에게 드러낼 필요는 없다.	O
화가 날 때 폭력을 사용하면 오히려 더 화가 나게 된다.	O
많은 사람들이 편하기 위해 소수의 사람이 희생되는 것은 어쩔 수 없다.	×
누구나 100% 완벽하지 않으므로 다른 사람의 단점을 포용할 줄 알아야 한다.	O
폭력은 얻는 것보다 잃는 것이 더 많다.	O
폭력은 내가 강하다는 것을 보여주는 좋은 방법이다.	×
학교 폭력으로 인해 법적인 처벌을 받을 수 있다.	O
학교 폭력이 발생하면 민·형사상 소송이 진행될 수 있다.	O
학교 폭력 발생 시 괴롭힘을 당한 학생에게 치료 및 상담 비용을 지불해야 한다.	O

학교 폭력으로 인한 파급효과 생각하기

1. 학교 폭력과 관련한 비디오를 시청한다.

교육과학기술부의 학교 폭력 예방 동영상인 〈이제 네가 말할 차례〉를 참여자들의 분위기나 상황에 따라 풀버전이나 20분 45초까지의 영상, 또는 지도자가 적절하다고 판단되는 내용을 선택하여 활용한다.

2. 다음 질문에 대해 어떻게 대답할 수 있을지 적어보고 함께 이야기를 나누어본다.

> 폭력으로 인한 결과는?
>
> 폭력으로 인해 피해 청소년과 가족들이 어떻게 되었나?
>
> 폭력으로 인해 가해 청소년과 가족들은 어떻게 되었을까?
>
> 내가 피해자였다면 어땠을까?

3. 학교 폭력 피해자들과 가해자들의 실제 사례 나누기

"이제 실제로 폭력을 당했던 친구의 주변 사람들이 그 사건이 지나간 후에 어떤 생각을 하고 있는지 한번 들어보도록 할 거예요."

〈활동지 : 하늘로 보내는 편지 – 학교 폭력으로 자살한 피해자에게 보낸 친구의 편지〉를 함께 읽고 난 후, 앞에서 본 동영상의 내용과 연결지어 다음과 같은 질문을 통해 폭력으로 인한 결과를 인식할 수 있도록 한다.

> 친구를 떠나보낸 주인공의 심정은 어땠을까요?
>
> 나의 잘못으로 누군가가 삶을 포기한다면 어떨까요?
>
> 친구가 괴롭힘을 당한다는 것을 알고도 못 본 체한 적이 있나요?
>
> (그 일을 마음속으로 후회한 적이 있나요?)

하늘로 보내는 편지

혜선아. 네가 차가운 아스팔트 바닥으로 몸을 던진 지 벌써 1년 반이 지났다. 이번에 대학에 들어가, 요즘 네 생각이 부쩍 나. 그동안 너무 힘들었어. 네가 이 땅에 없다는 게 아직도 실감이 안 나. 가끔 혼자 있을 때 자꾸 눈물이 난다.

너를 지켜주지 못한 죄책감 때문에 너무 힘들어. 네가 뛰어내리기 이틀 전 못된 아이들이 너를 둘러싸고 얼굴을 때리고, 발로 차고, 머리채를 끌고 다니던 모습이 자꾸 생각나. 난 네가 착하게 열심히 공부만 하는 줄 알았어. 그런데 너는 쭉 그렇게 그애들한테 맞고 살았다고 하더라. 너는 내가 무슨 일 있으면 발 벗고 도와주려 했을 텐데 난 네가 그렇게 맞는 모습을 보면서도 아무 도움도 주지 못했어. 정말 미안해.

너 뛰어내리기 전날 밤 나랑 채팅했던 것 기억나니? 너 그날 "나 너무 추워, 온몸에 피멍이 들었어. 마음이 너무 아파." 이렇게 말했는데…. 그리고 다음 날 집에 돌아갈 거라고 말했는데…. 지금 생각하면 당장 안산으로 달려가 너를 데려오지 못한 게 무지무지 후회된다.

나 혼자 이렇게 살아있는 것이 너에게 너무 미안해. 널 위해 할 수 있는 건 기도밖에 없구나. 부디 지옥 같은 세상은 모두 잊고 천국에서는 행복하길 기도할게.

학교 폭력으로 인한 처벌에 대해 배우기

1. 학교 폭력은 처벌받을 수 있는 범죄임을 인식시킨다.

"물론 극단적인 예지만 신체적 폭력으로 인해 피해자가 상해를 입었을 때 어떤 처벌을 받게 되는지 실제적인 이야기들을 들려줄게요. 학교 폭력이 법의 처벌을 받는 범죄라는 사실을 알고 있었나요? 학교 폭력은 범죄입니다. 따라서, 국가에서는 학교 폭력을 휘두르는 사람에 대해서 법으로 처벌을 하고 있습니다."

2. 학교 폭력이 발생할 경우 이에 대한 조치 단계를 〈활동지 : 학교 폭력 조치 단계〉를 칠판에 붙여 놓고 이를 구체적으로 설명한다.

"학교 폭력이 발생하면 일반적으로 다음과 같은 절차를 밟아서 조치 및 분쟁 조정, 민·형사상 소송 등이 진행됩니다."

학교 폭력 조치 단계

1단계 : 학교 폭력 발생

2단계 : 현장을 본 사람이나 들은 사람이 즉시 학교나 경찰 등 관계 기관에 신고한다.

3단계 : 신고를 받은 학교에서 부모님과 교육감에게 알린다.

4단계 : 자치위원회를 소집하여 해당 학생을 조사한다.

5단계 : 피해자와 가해자의 보호자에게 합의를 유도한다.

A) 합의가 될 경우
- 가해 학생 보호자로부터 각서를 받는다.
- 가해 학생과 보호자는 함께 사과문을 작성한다.
- 피해 학생의 치료 상담을 위한 비용을 지불한다.
- 사회봉사를 하거나 치료 상담을 받는다.

B) 합의가 되지 않을 경우
- 법적인 절차를 밟는다.
- 관할 경찰서에 학교 폭력 내용을 고소한다.
- 경찰서 소년계에서 수사를 한다.

정리

• 프로그램을 통해 느낀 점 나누기

"오늘 함께 나눈 내용 중에 질문이 있나요?"

(참가자들의 질문을 받고 답해준다).

"오늘은 상대방의 기분을 상하게 하고 상대방에게 고통을 줄 수 있는 행동들에는 어떤 것들이 있는지 함께 알아보았어요. 누군가 나에게 이런 행동을 한다면 자신을 보호하기 위해서 적극 적으로 대처해야 하고, 나 또한 누군가에게 이런 행동을 하지 않았는지 잘 생각해보고 앞으로 는 그러한 일이 없도록 노력했으면 좋겠어요.

• 학교 폭력 발생 시 피해자가 어떤 피해를 받게 되는지, 가해자들 또한 어떠한 어려움을 겪 게 되는지를 한 번 정리하면서 학교 폭력에 대한 기존의 왜곡된 생각이 전환될 수 있도록 돕 는다.

주의사항

• OX 퀴즈에서 틀린 문항에 대해서는 그 이유를 명확히 설명하여 참여자들이 단순한 게임으 로 받아들이지 않도록 한다.
• 법 교육의 경우 보호관찰 청소년은 이미 주지된 사항이므로 대상에 따라 교육 혹은 경험의 나눔 등을 융통성 있게 진행한다.

3회기

열린 마음, 열린 생각

주제

조망 수용 / 전환 및 공감 능력 향상

① 상대방을 다른 관점에서 이해해보기

② 빈 의자 기법을 통해 상대방의 입장을 이해하기

목표

- 피해자가 겪을 수 있는 상황을 간접 체험을 통해 공감한다.
- 상대방의 입장을 다각적으로 이해해본다.
- 융통성 있는 시각으로 상대방의 입장을 이해하는 법을 배워본다.

준비물

- 활동지 : 실제 사례자의 글, 새로운 시각으로 바라보기, 빈 의자 체험 상황카드
- 사탕, 의자

상대방을 다른 관점에서 이해해보기

1. 우리가 상황을 바라보는 데는 다양한 관점이 있다는 것을 설명해준다.

"우리가 살아가며 다른 사람을 이해하는 넓은 마음을 갖기 위해서는 우선 내 생각만을 고집하지 않아야 하고, 둘째로 상대방이 나쁘게 행동한다고 생각이 될 때에도 '새로운 시각'으로 조금 다르게 볼 수 있는 여유를 가지는 것이 필요해요."

2. 싫어하고 마음에 안 들었던 친구들의 특징 및 구체적인 행동을 적어보고 함께 나눈다.

(예) 잘난 척하는 아이 : 수업시간에 자기만 발표하려 한다.

　　　지저분한 아이 : 냄새가 난다.

　　　욕하는 아이 : 걸핏하면 친구들에게 욕을 한다.

3. 싫어하는 유형에 속하는 친구들의 숨겨진 이야기 생각해보기

"여러분이 마음에 안 들거나 싫어했던 친구들의 특징은 이렇군요. 그런데 우리가 싫고 마음에 들지 않는다고 생각했던 친구들에게는 우리가 생각하지 못했던 숨겨진 사정이 있을 수 있어요."

〈활동지 : 새로운 시각으로 바라보기〉를 통해 주인공의 숨겨진 이야기에 대해 생각해보고, 주인공을 새로운 시각으로 이해하는 연습을 해본다. 이러한 과정에서 느낀 점, 주인공에 대해 새롭게 보이는 점 등을 함께 나누어본다.

실제 사례자의 글

- 보잘것없는 사람 같다는 기분을 느껴본 적이 있나요?
- 마치 작은 공기 한 줌도 안 되는 형편없는 존재가 된 것 같은 기분을 느껴본 적이 있나요?
- 내 주변에 친구들이 웃고 떠들고 있지만 아무도 내가 그곳에 있다는 것을 모릅니다.

- 1년 이상 친구 없이 지내본 적이 있나요?
- 체육 시간에 혼자 버려진 적이 있나요?
- 점심 시간에 밥을 혼자 먹은 적이 있나요?
- 저에겐 친구가 필요해요. 정말로 죽고 싶어요.
- 제 뒤에서 '재수 없는 놈'이라며 욕을 하고 누군가 제 책상에 쓰레기, 음식 먹고 남은 걸 버리고 갈 때 정말 학교에서 도망쳐 나오고 싶어요.
- 그렇게 무시를 당하는 제 자신이 너무 한심하고 미워요.
- 왜 저는 친구들에게 놀림만 당하고 미움만 받는지, 왜 이렇게 저는 못났는지, 왜 이렇게 태어난 걸까요? 아침마다 학교 가는 게 두려워요.

새로운 시각으로 바라보기

 상황

키도 작고 마르고 왜소한 경훈이는 체육 시간만 되면 같이 활동을 하지 않고 의자에 가만히 앉아만 있다. 오늘은 축구를 하다가 공이 굴러갔는데 하는 일도 없는 녀석이 자기 앞으로 굴러간 공을 돌려주지도 않고 멍하니 앉아만 있는 것이다. 그 자식 때문에 구석에 있는 의자까지 뛰어가야 했다. 이런 적이 도대체 한두 번이 아니다. 한번 제대로 혼내줘야겠다.

 질문

다음의 질문을 고려하여 주인공에 대한 새로운 이야기를 만들어보세요

"주인공은 왜 그랬을까?"

"이 친구의 어려운 점은 어떤 것이 있을까?"

"이 친구가 걱정하는 것이 있다면 어떤 것일까?"

"내가 주인공이었다면 어땠을까?"

"주인공을 새로운 눈을 바라보기 위해서는 어떤 점을 고려하면 좋을까?"

관점 바꾸기 새로운 눈으로 이해하기

빈 의자 기법을 통해 상대방의 입장을 이해하기

"방금 함께 보았던 상황은 실제 상황은 아니었지만 학교 폭력의 피해를 당하는 친구들이 어떤 기분일지 엿볼 수 있는 기회였어요. 실제 당하는 친구들의 어려움은 더 크겠지요. 지금부터는 여러분과 갈등이 있었던 친구에게 지금 여러분의 마음을 전하는 시간을 가져볼 거예요."

1. 참여자들이 원으로 둘러앉고 원의 중앙에 의자를 하나 놓는다.

"자, 이제부터 이 빈 의자에는 여러분이 상상하는 인물이 앉아 있다고 생각하게 될 거예요. 또 다른 여러분의 모습이 될 수도 있고, 여러분과 갈등이 있었던 친구가 될 수도 있어요. 어색할 수도 있겠지만 진지한 시간이 되어야 합니다. 지켜보는 다른 친구들도 진지한 마음으로 지켜보고 나라면 어떠할지를 깊이 생각해보도록 해요."

2. 지원자를 정하고 〈활동지 : 빈 의자 체험 상황카드〉 중 하나의 상황을 선택하여 상황카드를 참가자에게 건네 준 뒤 큰 소리로 상황카드를 읽도록 한다.

"자, 다음의 상황에 처해 있다고 생각해보세요. 글 속의 주인공들이 각각 어떤 입장일지 생각해보세요."

3. 지원자는 글 속의 주인공이 빈 의자에 있다고 생각하고, 지원자는 '글 속의 나'가 되었다고 상상하면서 글 속의 주인공에게 하고 싶은 말을 한다(참여자들이 몰입을 잘할 수 있도록 상황에 대하여 구체적으로 설명을 해주고 필요할 경우 지도자가 시연을 해보일 수 있다).

"내가 '글 속의 나'라고 생각을 해보겠습니다. 글 속의 주인공이 빈 의자에 앉아 있다고 생각해보고 주인공에게 하고 싶은 말을 해보세요. 나는 어떤 기분이 들었는지, 왜 그런 마음이 드는지 차근차근 상대방에게 이야기를 해보세요."

4. 역할을 바꾸어서 자신이 글 속 주인공의 입장이 되어 주인공을 대변하고 빈 의자에 있는 '글 속의 나'에게 하고 싶은 말을 하도록 한다. 입장에 대한 설명뿐만 아니라 주인공으로서의 감정도 표현할 수 있도록 이끌어주는 것이 중요하다. 진지한 분위기를 조성하기 위하여 음악을 사용해도 좋다.

"자, 이제는 여러분이 빈 의자에 앉을 거예요. 이젠 주인공의 입장이 되어서 '글 속의 나'에게 하고 싶은 말을 해보도록 하겠어요. 내가 왜 그랬는지, 어떤 기분이 들었는지, 어떤 생각을 했는지 차근차근 이야기해보도록 하세요. 내가 만약 주인공이라면 어떠했을지를 상상해서 이야기해보는 거예요."

5. 빈 의자 기법을 체험한 참가자들에게 글 속의 주인공의 입장을 대변해보았을 때 어떤 감정과 생각이 들었는지 이야기해보도록 한다.

"주인공이 되어서 이야기를 해보니 어땠나요? 어떤 것을 느꼈나요?"

6. 빈 의자 체험을 지켜본 다른 참가자들에게도 지켜보면서 어떤 생각을 했는지 이야기를 나누도록 한다.

● **활동지** ●

빈 의자 체험 상황카드

상황 1　민수는 걸핏하면 별것도 아닌 일에 화를 내고 욕을 한다. 힘이 센 것도 아니고 잘난 것도 없는 주제에 성질을 부리고 센 척하는 것이 너무 짜증난다. 언제 한번 혼쭐을 내줘야겠다.

피해자 입장의 예 : 나의 부모님은 매우 엄하다. 내가 작은 실수라도 하면 어찌나 화를 내고 혼을 내시는지, 나는 그럴 때면 꼼짝도 할 수 없다. 아무리 잘해보려고 해도 잘 되지가 않고, 행동 하나하나 잘못할까 봐 불안하고 신경이 쓰인다. 나는 집에서도 절대 편안함을 느끼지 못한다. 나는 학교에서 누가 나를 건드리면 참을 수가 없고 화가 치밀어 나도 모르게 욕을 하게 된다. 이런 내 모습이 나도 참 싫지만 통제가 잘 되지 않는다.

상황 2　쉬는 시간에 나는 친구들과 도미노 게임을 하고 있었다. 교실 뒤에서 하나하나 쌓아가고 있는데 갑자기 운동장에서 놀다가 뛰어 들어온 경수가 헉헉대며 지나가면서 나를 밀쳐서 그만 도미노가 다 무너지고 말았다. 몇 분 동안 만든 도미노인데 다 망가져 버렸다.

피해자 입장의 예 : 쉬는 시간에 축구를 하다가 숨이 차서 들어온 나는 정신이 없어서 교실 바닥에 친구들이 만들어 놓은 도미노를 피해서 간다는 것이 실수로 그만 도미노를 무너뜨렸다.

정리

- 겉으로 보이는 행동으로 판단하는 것은 많은 오해와 상처를 가져올 수 있으며, 친구나 주변 사람에 대해 보이는 부분만 보는 것이 아니라 한번 그 사람의 입장을 생각하는 기회를 갖는 것이 필요하다는 것을 이야기한다. 이번 시간을 통해 어떤 점을 느꼈는지 소감을 들은 후, 내용을 정리한다.

"우리 주변에 일어나는 문제에는 다양한 관점이 존재해요. 그러므로 갈등이 생겼을 때 혹은 화가 나는 상황에서 상대방의 관점이 무엇인지 이해하는 노력이 필요하겠죠? 항상 내 행동으로 인해서 다른 사람들이 피해를 입지는 않을지 미리 예측해보고 내가 상대방이라면 이런 상황에서 어떤 기분일지 생각해보는 마음이 필요합니다. 이런 여러 가지를 고려하는 지혜가 있다면, 우리 주변의 많은 갈등과 서로에게 상처 주는 일들은 많이 사라지게 될 거예요."

- 다음 시간 내용을 간단히 소개한 뒤 회기를 마친다.

주의사항

- 가해자에 대한 비판이나 충고보다는 '내 경우는 어땠었다', '나는 그것을 어떻게 극복했다' 등 자신의 경험을 나눠볼 수 있도록 한다.
- 역할극은 진행자의 역할이 매우 중요하다. 참여자들이 쑥스러워하지 않고 충분히 다른 사람의 입장이 되어 그 사람의 감정을 느낄 수 있도록 돕는다.

4회기

분노 조절(1) : 화 다스리기!

주제

분노 조절 : 나의 분노 패턴 발견하기

목표

• 분노 조절의 필요성을 인식한다.

• 분노 감정이 일어났던 상황, 생각, 행동들을 돌아보고 나의 분노 패턴을 발견한다.

준비물

• 활동지 : 나의 분노 패턴 발견하기, 감정온도계, 분노 대처방법 나무

나의 분노 패턴 발견하기

1. 자신의 분노 경험을 떠올려보고, 일반적으로 자신이 어떠한 상황에서 화가 나는지 생각해보
   도록 한다.

"여러분은 보통 어떠한 상황에서 화가 많이 나나요? 그때 나를 화나게 한 행동과 말은 무엇이
없나요?"

2. 화가 날 때 자신이 보통 어떻게 행동하는지, 신체적 · 행동적 변화를 인식하도록 한다.

"화가 날 때 여러분은 어떻게 행동했나요?"

나올 수 있는 대답의 예는 아래와 같다. 만약 참여자들의 참여가 소극적이거나 적절한 응답이
나오지 않을 경우, 다음을 예시로 제시하여 이러한 경우가 있었는지 해당하는 경우에 손을 들
어보도록 한다. 〈활동지 : 감정온도계〉를 사용하여 이야기한 신체적 · 행동적 변화가 감정온도
계의 몇 도에서 나타나는지 표시해본다.

예

화가 폭발하여 소리를 지르게 된다.

주먹을 꼭 쥐게 된다.

머리에서 김이 나는 것 같다.

눈물이 난다. 울음이 터질 것 같다.

머리에 아무 생각도 안 떠오른다.

모두가 보기 싫고 밉다는 생각이 든다.

물건을 던지고 싶어진다.

누군가 때리고 싶어진다.

내가 바보 같기만 해서 아무것도 할 의욕이 생기지 않는다.

친구들을 피하고 싶어진다.

"그 결과 어떻게 되었나요? 화가 날 때 무조건 참았다는 친구도 있고 있는 그대로 폭발했다는 친구도 있네요. 무조건 참으면 어떨까요? 참았던 화가 풀리지 않고 결국 나중에 화가 폭발하기도 하고, 괜히 엉뚱한 사람에게 짜증을 내게 될 수도 있겠죠. 또한 그냥 있는 그대로 폭발했을 때는 어떨까요? 무엇보다 내 기분은 어떻게 되었나요? 화를 폭발시키고 나면 내 기분이 좋아지던가요? 순간적으로는 후련한 기분이 들 수도 있겠지만 상대방과의 관계는 어떻게 될까요? 상대방의 기분이 언짢아지고, 껄끄러워지고 갈등이 커질 수도 있을 거예요."

3. 〈활동지 : 나의 분노 패턴 발견하기〉를 활용하여 평소 자신이 화가 나는 상황과 그 상황에서 자신의 변화를 생각해보도록 한다.

4. 자신의 분노 유형을 생각해보도록 한다 ― 분노 억제형, 분노 표출형, 분노 통제형

나의 분노 패턴 발견하기

● 평소 나를 화나게 하는 상황은?

● 화가 날 때 나는?
① 신체적 변화

② 행동적 변화

● 화를 내고 난 후의 결과는?
① 어떤 결과가 나타났는가?

② 그때의 내 마음은?

분노 대처방법 나무

정리

● 활동에 대한 소감과 이번 회기를 통해 새롭게 알게 된 점 등을 함께 나눈다.

주의사항

● 게임 진행 시 주변에 위험한 물건이 없는지 확인한 후 게임을 진행한다.

● 지도자가 참여자들의 분노 상황을 충분히 이해하고 공감해주며, 참여자들과 함께 대처방식에 대해 탐색하고 조언할 수 있어야 한다.

5회기

분노 조절(2) : 진짜 속마음!

주제

분노 조절 : 분노 뒤에 꼭꼭 숨어 있는 속마음과 욕구 알아보기

목표

• 분노를 유발하는 분노 뒤에 숨어 있는 욕구를 찾아본다.
• 나의 욕구를 충족시킬 수 있는 적절한 대처법을 찾아본다.

준비물

• 활동지 : 감정온도계, 숨겨진 욕구 사례, 화 뒤에 숨어 있는 나의 속마음, 욕구카드

분노 뒤에 꼭꼭 숨어 있는 속마음과
욕구 알아보기

분노를 느낄 때 내가 가졌던 생각 돌아보기

1. 화가 난다는 것의 의미에 대하여 이해시킨다.

"우리는 보통 '그 애 때문에 화가 나', '걔가 그렇게 해서 화가 나'라고 말해요. 하지만 내가 화가 난다는 것은 다른 사람의 행동 그 자체 때문만은 아닙니다. 화가 난다는 것은 내가 바라는 것이 채워지지 않았다는 것을 의미해요. 화를 내는 것은 화를 내는 우리가 그 사건을 어떻게 해석하고 바라보느냐에 따라 달라질 수 있어요."

2. 같은 상황에서도 다른 감정을 느낄 수 있음을 예를 들어 구체적으로 설명을 해준다.

"친구와 백화점 앞에서 만나기로 했어요. 그런데 친구가 30분이나 늦게 온 거예요. 그런데 마침 나도 20분 정도 늦은 데다가 도착해서 기다리는 10분 동안은 백화점 앞에서 열리는 공연을 재미있게 보고 있었어요. 이때 30분 늦게 온 친구가 미안하다고 하면 기분이 많이 나쁠까요? (참여자들의 대답을 듣는다) 그래요. 아마 별로 기분 나쁘지 않을 거예요. 그런데 만약 그런 공연을 보는 것도 싫어하고 다른 할 일도 많기 때문에 친구랑 볼 일을 보고 빨리 집으로 가야 하는 상황이라면, 늦게 온 친구가 아무리 사과를 해도 기분이 어떨까요? (참여자들의 대답을 듣는다) 그래요. 같은 상황이라도 내 욕구나 상태에 따라서 화가 나기도 하고 화가 나지 않기도 하고, 화의 정도가 달라지기도 하지요. 그 친구의 늦는 행동 자체가 문제가 아니라 그 친구의 행동이 내 욕구를 충족시키냐 못 시키느냐에 따라 내 감정이 달라진 것이지요."

3. 〈활동지 : 숨겨진 욕구 사례〉를 통해 분노 감정 이면의 나의 생각을 돌아본다.

"사람들은 때로 겉으로 이야기하는 것과 속으로 생각하는 진짜 마음이 다른 경우들이 있죠. 이때 어떤 것이 진짜 내 마음인지, 나도 알아채지 못하는 숨겨진 나의 생각이 있지는 않은지 살펴볼 필요가 있어요."

1) 다음의 질문을 활용하여 숨겨진 욕구를 찾는 연습을 해본다.

- 이 상황에서 이 아이는 어떤 기분일까요?
- 이 상황에서 이 아이는 왜 그런 기분이 들었을까요?
- 이 아이가 느꼈던 느낌 속에 있는 자기가 진짜 원했던 욕구는 무엇이었나요?
- 주인공이 진짜로 바란 것은 무엇이었나요?

2) 다음 문장을 참여자들에게 제시한 후, 상황을 요약할 수 있는 적절한 문구를 채워 넣도록 한다.

이 상황은 다음의 한 문장으로 정리할 수 있어요 자, _____속엔 무엇이 들어갈까요? 그래요. 앞에는 자신의 욕구가 들어가고 뒷부분에는 욕구와 관련된 느낌에 대한 설명이 들어가게 되겠죠.

- 나는 _____을 원하기 때문에 _____한 상황에서 화가 난다.

3) 참여자들이 적은 반응들을 공유하며 숨겨진 감정이나 욕구를 찾는 방법을 확실히 이해했는지 확인한다.

4) 이런 상황에서 나의 욕구를 충족시키기 위해서는 어떻게 대처해야 할지 생각해보도록 하고 화를 내는 것이 자신의 욕구를 충족시키는 데 도움이 되지 않는다는 것을 주지시킨다.

5) 그 외에도 어떤 다른 감정들이 있는지 알아보기 위하여 〈활동지 : 화 뒤에 숨어 있는 나의 속마음〉을 나누어주고 적절한 욕구카드를 오려서 나누어준 뒤 적절한 곳을 찾아 빈칸에 붙여 넣도록 한다.

"여러분이 화가 나는 진짜 이유를 찾아보니 어떤가요? 화를 내도 내 기분이 풀리지 않고 계속 문제가 남아 있었던 이유가 뭘까요? 나의 욕구를 해소할 수 있는 방법이 아니었기 때문이겠죠. 일을 잘 해내고 싶은 아이가 '화를 낸다'고 해서 일을 잘 해내게 되는 것은 아니에요. 순간적인 해결책이 아니라 정말 내가 원하는 것을 찾아서 그 문제를 해결하는 것이 정말 나의 욕구를 충족시켜 줄 수 있는 현명한 방법입니다. 따라서, 내가 원하는 것이 무엇인지 아는 것은 중요해요. 내가 진정 원하는 결과를 얻기 위해서는 분노를 유발하는 내 진짜 감정이 무엇인지를 아는 것이 중요합니다."

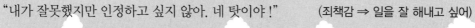

"내가 잘못했지만 인정하고 싶지 않아. 네 탓이야!"   (죄책감 ⇒ 일을 잘 해내고 싶어)

"나를 함부로 대하거나 나를 비판하는 것은 참을 수 없어! 재수없어!"

(수치심 ⇒ 중요한 사람으로 존중받고 싶어)

"나의 뜻대로 되지 않으니 짜증이 나!"   (좌절감 ⇒ 나의 뜻대로만 하고 싶어)

"주변 사람에게 좋은 일이 있으니까 샘이 나! 미워!" (시기심 ⇒ 나도 잘 해서 인정받고 싶어)

"남을 지배하고 통제해야만 속이 시원해!"   (불안정감 ⇒ 다른 사람들보다 우월하고 싶어)

● 활동지 ●

숨겨진 욕구 사례

상황

우리 반에서 예쁘장하게 생긴 친구, 공부도 운동도 매우 잘해서 아이들의 시선을 받는다. 오늘은 사진을 찍는데 예쁜 옷을 입고 포즈를 연예인처럼 취해서 사진사로부터 칭찬을 받기도 했다. 이 장면을 보면서 쑥덕거리던 A는 그 친구를 불러서 한마디 한다.

"왜 튀려고 난리냐? 잘난 척 좀 하지마! 재수없어!"

**나의
욕구**

나는 ~을 원하기 때문에 ~한 상황에서 ~을 느낀다.

**바람직한
내저법**

화 뒤에 숨어 있는 나의 속마음

● 화 뒤에 꼭꼭 숨어 있는 속마음과 욕구

"내가 잘못했지만 인정하고 싶지 않아. 네 탓이야!"

죄책감	욕구

"나를 함부로 대하거나 나를 비판하는 것은 참을 수 없어! 재수없어!"

수치심	욕구

"나의 뜻대로 되지 않으니 짜증이 나!"

좌절감	욕구

"주변 사람에게 좋은 일이 있으니까 샘이 나! 미워!"

시기심	욕구

"남을 지배하고 통제해야만 속이 시원해!"

불안정감	욕구

욕구카드

• 숨겨진 욕구

일을 잘 해내고 싶어	중요한 사람으로 존중받고 싶어
나의 뜻대로 하고 싶어	나도 잘 해서 인정받고 싶어
다른 사람보다 우월하고 싶어	

• 숨겨진 감정

죄책감	수치심
좌절감	시기심
불안정감	

감정온도계

정리

• 활동에 대한 소감과 이번 회기를 통해 새롭게 알게 된 점 등을 함께 나눈다.

주의사항

• 게임 진행 시 주변에 위험한 물건이 없는지 확인한 후 게임을 진행한다.

• 지도자가 참여자들의 분노 상황을 충분히 이해하고 공감해주며, 참여자들과 함께 대처방식에 대해 탐색하고 조언할 수 있어야 한다.

6회기

지혜롭게 대처하기

주제

자기통제 및 문제 해결

① 나의 갈등 해결 유형 알아보기

② 나의 대처 유형 알아보기

③ 부정적인 감정을 다루는 방법 익히기

목표

- 평화적인 문제 해결방법에 대하여 이해한다.
- 다양한 갈등 상황의 예를 활용하여 바람직한 문제 해결방법들을 적용해본다.
- 나의 갈등 대처 유형을 알아보고, 갈등 대처 유형별 장점과 단점을 알아본다.

준비물

- 활동지 : 나는 어떤 유형일까?, 다섯 가지 갈등 해결 유형, 대처 유형 소개
- 의자(참가자 수보다 1개 적게 준비한다)

나의 갈등 해결 유형 알아보기

평소 자신이 갈등 상황에 직면했을 때 어떻게 행동하는지를 이해하고, 각 유형의 장단점에 대해 함께 생각해보는 시간을 갖는다.

1. 〈활동지 : 나는 어떤 유형일까?〉를 작성한다.

2. 갈등 해결 유형 질문지의 결과를 살펴보고 각 유형의 특징을 설명한다.

3. 자신의 유형에 따라 같은 유형별로 자리 배치를 새로 한다. (전체 인원이 적을 경우에는 각자 자신의 유형에 대해서 생각해본다.)

4. 〈활동지 : 다섯 가지 갈등 해결 유형〉을 활용하여 유형별 갈등 해결 시 장점과 단점을 생각하여 적어보도록 하고, 이를 조별로 발표해본다.

나는 어떤 유형일까?

다음에 제시된 문장을 잘 읽고, 각 문장의 내용이 평소 자신의 생각과 얼마나 일치한다고 생각하는지 해당하는 점수를 괄호 안에 적어주세요.

※ 1=전혀 그렇지 않다, 2=그렇지 않다, 3=보통이다, 4=그렇다, 5=매우 그렇다

	문장	A	B	C	D	E
1	싸움은 피하는 것이 상책이다	( )				
2	내 생각대로 사람들을 설득하는 것은 능력이다		( )			
3	부드러운 말은 무자비한 마음을 푼다			( )		
4	이에는 이 눈에는 눈				( )	
5	한 사람의 생각보다 여러 사람의 의견이 더 낫다					( )
6	두 사람이 다툴 때 먼저 침묵을 지키는 사람이 더 훌륭하다	( )				
7	힘이 곧 정의다		( )			
8	친절한 사람은 적이 없다			( )		
9	아주 없는 것보다는 조금이라도 있는 것이 낫다				( )	
10	솔직함, 정직함, 믿음이 있으면 산이라도 옮긴다					( )
11	뜻이 다른 사람과는 가까이하지 않는 것이 좋다	( )				
12	싸움에서는 무조건 이겨야 한다		( )			
13	오 리를 가자고 하면 십 리를 간다			( )		
14	선물은 좋은 친구를 만든다				( )	
15	갈등은 해결될 수 있다					( )
16	갈등을 다루는 최선의 방법은 피하는 것이다	( )				
17	세상에는 승자와 패자 두 종류의 사람이 있다		( )			
18	받는 것보다 주는 것이 낫다			( )		
19	둘 다 중간이라면 공평하게 얻은 것이다				( )	
20	시간이 걸려도 모두 만족하는 방법을 찾아야 한다					( )
총점 점수를 세로로 더해주세요. 내 각 유형별 점수는?						

다섯 가지 갈등 해결 유형

A형 : 느긋한 거북이형(갈등을 피하기 위해 상황 자체를 회피하는 유형)

장점	단점

B형 : 열정적인 사자형(어떤 상황에서도 자기의 목표를 포기하지 않는 유형)

장점	단점

C형 : 다정한 곰돌이형(관계를 유지하기 위해서 자기의 목표를 포기하는 유형)

장점	단점

D형 : 영리한 여우형(중간 지점에서 타협하는 유형)

장점	단점

E형 : 지혜로운 부엉이형

장점	단점

대처 유형 소개(1)

상황 친구가 자꾸 내가 앉은 의자를 툭툭 건드리며 "야~ 이 바보새끼야."라며 놀린다.

대처 행동	• 화가 나지만 반응하지 않고 속으로 삭힌다. • 친구가 밉지만 표현하지 않는다. • 친구의 행동이 바뀌기 바라지만 아무 조치도 하지 않는다. • 아예 그 상황을 피해 다른 곳(화장실, 운동장 등)으로 간다.
대처 유형	• 나 없는 대처 ( ) • 나 우선 대처 ( ) • 함께하는 대처 ( )
장점	
단점	

● 활동지 ●

대처 유형 소개(2)

상황 친구가 자꾸 내가 앉은 의자를 툭툭 건드리며 "야~ 이 바보새끼야."라며 놀린다.

대처 행동	• 씩씩대며 신경질을 낸다. • 참다가 갑자기 화를 낸다. • 책상을 손으로 내리치며 소리를 지른다. • 힘을 과시하며 심하게 욕을 해준다. • 친구에게 폭력 행사를 하여 꼼짝 못하게 한다.
대처 유형	• 나 없는 대처 ( ) • 나 우선 대처 ( ) • 함께하는 대처 ( )
장점	
단점	

정리

- 프로그램을 통해 느낀 점을 나눈다.

  (무엇을 새롭게 알게 되었는지, 어떤 도움이 될 것 같은지, 무엇이 조금만 달라지면 문제 해결에 도움이 될 수 있을지, 달라진 내 행동에 주변 사람들은 어떻게 반응할 것인지 등을 충분히 생각하고 나눌 수 있도록 지도한다.)

- 다음 시간에 대해 공지한다.

주의사항

- 참가자들에게 질문을 할 때는 최대한 구체적으로 대답할 수 있도록 지도하되 취조식의 질문을 하지 않도록 유의한다.
- 지도자가 생각하는 대답을 유도하지 않도록 유의한다.
- 지도자는 적절한 예를 알고 있지만 처음부터 말하지 않는다.
- 게임이 빠르게 진행될 수 있도록 분위기를 조성한다.
- 게임을 진행하는 과정에서 이동 중에 부딪힐 수 있는 상황을 주의하도록 지도한다.

7회기

귀를 기울이면

주제

의사소통 훈련

1 일곱 가지 말만 해요
2 비폭력적 대화의 필요성 인식하기
3 공감과 나 전달법 'I-message'
4 대화법 훈련하기

목표

- 또래관계 상황에서 적절한 사회적 기술을 익힌다.
- 공감적 이해를 바탕으로 상대방 입장을 헤아리고 이야기할 수 있도록 한다.

준비물

- 활동지 : 일곱 가지 말만 해요, 나 전달법 연습지, 의사 전달 연습지, 역할연기 카드
- 종이, 색연필 혹은 사인펜

일곱 가지 말만 해요

1. 참여자들에게 문장이 적힌 카드(〈활동지 : 일곱 가지 말만 해요〉)를 나누어준다.

2. 둘씩 짝을 지어 한 사람이 카드에 적힌 문장을 읽으면, 그 옆에 있는 사람이 대답을 하도록 한다.

3. 대답하는 참여자는 일곱 가지 말(미안해요 / 괜찮아요 / 좋아요 / 잘했어요 / 훌륭해요/ 고마워요 / 사랑해요) 중에 한 가지 적절한 답을 선택해서 대답할 수 있다.

4. 게임이 끝난 후 평상시 자주 쓰던 말과 비교하여 게임에서 사용한 일곱 가지 말을 들었을 때 느낌이 어떻게 다른지에 대해 이야기해본다.

5. 상대방의 약점이나 단점을 건드려서 상대방의 기분을 상하게 하거나 당황스럽게 할 수 있는 말 대신 긍정적인 말을 사용했을 때의 장점과 효과에 대해 함께 이야기해본다.

일곱 가지 말만 해요

- 어제 새로 옷 샀는데, 이 옷 어때?
- 네 공책에 내가 실수로 우유를 쏟았는데 어쩌지?
- 내가 한 말 때문에 기분 나빴니?
- 나 이번 시험에서 점수가 20점이나 올랐어.
- 어제 약속에 왜 안 나왔니?
- 네가 가장 듣고 싶은 말이 뭐니?
- 방금 빵을 사 왔는데 같이 먹을래?
- 오늘 집에 같이 갈래?
- 만약 부모님이 앞에 있다면 뭐라고 말하고 싶니?
- 네가 어제 문자를 씹어서 너무 속상했어.
- 나에게 무슨 말을 해주고 싶니?
- 내 별명 부르는 거 싫은데 그만해줄래?
- 아까 아이들이 너를 둘러싸고 뭐라고 하는 것 같던데 괜찮니?
- 이 프로그램에 참여하는 시간 어떠니?
- 생일 축하해!
- 힘들면 내가 도와줄까?
- 자, 여기 어제 네가 놓고 간 물건이야.
- 왜 내가 한 말을 무시하니?
- 오늘 오후에 같이 농구하자.
- 오늘 내가 한 발표 어땠어?
- 내가 노트 필기 한 것 보여줄게.
- 너 참 멋지다.
- 왜 자꾸 나를 괴롭히는 거니?
- 나에 대해서 안 좋은 이야기를 해서 상처 받았어.
- 니도 게임에 깊이 끼어도 괜찮을까!
- 잘한 걸까, 왠지 자신이 없어.
- 네 운동화 정말 좋아 보인다.
- 공부하느라 힘들지?
- 너 자신의 능력이 어떻다고 생각해?
- 나랑 수행평가 같은 팀 할래?

비폭력적 대화의 필요성 인식하기

갈등 상황에서 대처할 수 있는 대인관계 의사소통기술 익히기

1. 구체적인 사례를 들어 생각해보는 시간을 갖는다. 다음의 사례를 읽어준다.

> **상황 1** 경훈이는 아이들과 이야기를 하고 있었다. 그런데 교실 뒤편에서 몇몇 아이들이 모여서 게임을 하고 있더니 '우와~' 하면서 함성을 지르는 것이다. 시끄러워서 대화를 할 수가 없어 경훈이는 짜증이 나기 시작했다.

2. 다음은 앞의 사례와 관련한 두 가지 잘못된 의사 전달의 예이다. 각 사례의 결과를 살펴보고 각 상황에서 어떤 일이 생길지를 구체적으로 생각해보고 함께 이야기를 나눈다.

잘못된 의사전달 1

경훈이는 너무 짜증이 나고 화가 나서 아이들에게 욕을 퍼붓고 '입 다물어!'라고 소리치고 싶다.

- 질문 : 만약 경훈이가 자기 기분에 따라 아이들에게 욕을 퍼붓거나 소리를 친다면 어떤 일이 생겼을까?
- 질문 : 과연 소리치는 행동이 그 아이들의 행동을 그만두게 할 수 있었을까?

잘못된 의사전달 2

경훈이는 그냥 참기로 하고 대화를 중단했다.

- 질문 : 만약 경훈이가 참고만 있는다면 어떨까?

"그렇다면 위와 같은 상황에서는 어떻게 하는 것이 좋을까요? 내가 지금 어떤 마음인지를 전달하고 내가 무엇을 원하는지를 가능한 차분하게 이야기해야겠지요. 중요한 것은 '어떻게 하면 상대방의 기분을 상하지 않게 하면서 내가 바라는 것을 효과적으로 전달할 수 있는가'일 거예요."

3. 상대방을 자극하지 않고 자신의 바람이나 욕구를 전달하는 것이 중요하다는 점을 설명한다.
   그러기 위해서는 '너는~'으로 시작하는 말보다는 '나는~'이라고 시작하는 말로 자신의 생각
   을 전달하는 것이 좋은 방법임을 주지시킨다.

"바로 상대방이 어떤 행동을 하고 있는지, 그 일로 인해 내 기분은 어떤지 자신감 있게 상대
방에게 구체적으로 차분한 어조로 전달하는 것이 중요해요. 차분한 어조로 그 상황에서 내가
바라는 것이 무엇인지 전달하면 상대방도 내가 어떤 기분인지를 알아챌 수 있고 상대방의 기
분을 상하게 하지 않고 내 의견을 전달할 수 있겠지요."

공감과 나 전달법 'I-message'

공감과 나 전달법 'I-message'의 기본 원리를 설명한다.

I-message : 나의 느낌이나 생각을 언어로 표현하기

① 내용의 주어가 '나', 즉 1인칭이다.

② 상대방의 대답을 선택할 여지가 있다.

③ 지금, 이곳에 초점을 맞추면 더 효과적이다.

　예) 나는 ~ 라고 생각합니다. 나는 ~ 한 느낌입니다.

I-message를 사용할 때

마음을 차분하게 갖도록 노력한다.

상대방의 눈을 쳐다본다.

또박또박 천천히 부드러운 어조로 말한다

관찰 : 나는 네가 (　　　　　)할 때, ~ 하는 것을 볼 때, ~ 하는 것을 들을 때

느낌 : (　　　　　)을 느낀다.

욕구/필요 : 나는 (　　　　)이 필요한데 (중요한데/ ~를 원하는데)

부탁 : (　　　　)게 해주겠니?

관찰　　느낌　　욕구 / 필요　　부탁

대화법 훈련하기

1. 〈활동지 : 나 전달법 연습지〉를 통해 적절한 전달법을 구별해본다.

2. 〈활동지 : 의사 전달 연습지〉를 통해 효과적으로 자신의 생각을 전달하는 구체적인 방법을 연습한다.

3. 비폭력적인 대화법을 연습한 후에 사례가 적힌 〈활동지 : 역할연기 카드〉를 나누어주고 적절한 대사를 작성하여 역할극을 구성하여 상황에 맞는 적절한 대화법을 연습해보도록 한다.

"이 상황들은 여러분들이 자신의 생각이나 기분을 명확하게 전달해야 하는 상황들의 예입니다. 두 사람씩 짝을 지어서 이 상황에서 어떻게 내 의사를 전달할지 문구를 만들어보고 역할을 나누어서 역할극을 해보도록 할게요."

4. 역할연기가 끝나면 아래의 질문을 사용하여 주장적으로 표현하는 역할을 맡은 아이의 행동이 제대로 이루어졌는지 다른 집단 아이들이 평가해보도록 한다. 공격적이거나 지나치게 수동적인 반응을 보이고 있다면 이를 적절히 수정해준다. 또한 역할을 해본 느낌은 어떠했는지 양쪽의 이야기를 다 들어보도록 한다.

"연기하는 친구의 목소리가 어떻게 들렸나요?"
"연기하는 친구가 상대방의 눈을 보고 말했나요?"
"상대방에게 전달하는 표현 방법이 효과적이었나요?"

나 전달법 연습지

※ 아래 예시문을 읽고 '나 전달법'과 '너 전달법'을 구분해보세요.

상황 1   **미술 시간에 친구가 책상을 밀치고 간다.**

( ) 야, ○○ 너 왜 그래, 짜증나게… 너 때문에 다 망쳤잖아!!!

( ) 네가 책상을 밀쳐서 내가 그리고 있던 그림이 망가졌어. 거의 완성되어 가고 있었는데 지금 너무 속상하다.

상황 2   **엄마가 TV를 보고 있는 나에게 버럭 화를 내신다.**

( ) 엄마, 엄마가 갑자기 소리를 지르니까 너무 놀랐어요. 숙제 다 하고 엄마 말 대로 시간 정해서 TV 보면서 쉬던 중이었는데 그렇게 화부터 내시니까 지금 너무 속상해요.

( ) 아, 놀랬잖아요. 맨날 보는 것도 아닌데, 엄만 항상 나만 보면 뭐라 그래.

상황 3   **친구가 자꾸 학원을 빠지고 놀러가자고 한다.**

( ) 나도 학원 가는 게 힘들긴 하지만 그래도 학원 빠지고 엄마한테 거짓말을 하고 싶지는 않아. 학원에 가는 게 난 더 좋을 것 같아.

( ) 야, 너는 왜 자꾸 나한테까지 학원을 빠지라고 그러냐?

의사 전달 연습지

1. 친구들이 장난치며 뛰어다니다가 나와 세게 부딪쳤다.

2. 친구가 내 물건을 말도 하지 않고 가져가서 쓴다.

3. 수업시간에 옆에서 친구들이 크게 이야기하고 있다.

4. 친구가 지나가다가 내 책상 위에 있는 필통을 떨어뜨렸다.

5. 급식 먹으려고 줄을 서 있는데 옆 친구가 계속 장난치며 민다.

의사 전달 연습지 (계속)

6. 준비물을 가져오지 않아서 옆에 있는 친구에게 빌리고 싶다.

7. 청소 시간에 나는 빨리 청소를 마치고 학원을 가야 하는데 친구는 놀고 있다.

8. 친구에게 다가가 모르는 문제를 물어보는데 나를 쳐다보지도 않고 무시한다.

9. 체육 시간에 내가 공을 놓칠 때마다 한 친구가 '병신 같은 놈'이라며 소리를 지른다.

10. 한 친구가 다른 아이들에게 내가 다른 아이의 돈을 훔쳤다면서 거짓말을 하고 다닌다.

역할연기 카드

상황 1 체험학습을 가는 시내버스 안에서 친구들 몇 명이 자리에 앉아 있다. 몸이 좋지 않아 자리에 앉아 가고 싶은데 책가방만 놓여 있는 자리가 하나 보인다.

A : 혹시 거기 자리 있니?

B : 자리는 없는데 여기 나 혼자 앉을 거야.

C : 야, 넌 저기 가서 서서 가.

A :

상황 2 쉬는 시간에 아이들이 매점 앞에 앉아 이야기를 하고 있다.

B : (C에게 쑥덕거리며 이야기를 한다) 쟤가 애들한테 너 욕하고 다닌대~!

A : (관심을 보이며) 무슨 이야기 하니?

C : (모르는 척하며) 야! 너 내 욕하고 다녔다며? 진짜 재수 없다.

A :

상황 3 체육 시간에 깜박 잊고 줄넘기를 교실에서 안 가지고 나왔다. 마침 친구 한 명이 교실에 다녀온다고 한다.

A : 가는 김에 내 줄넘기 좀 갖다 줄래?

B : 나도 가는 김에 주전자 좀 부탁할게.

C : (못 들었는지 대답을 안 한다)

A :

정리

- 프로그램을 통해 느낀 점을 함께 나눈다.
- 의사소통 과정에서 듣고 말하는 태도가 대인관계의 중요한 요소임을 다시 한 번 강조한다.
- 다음 시간에 대해 공지한다.

주의사항

- '그냥요', '좋았어요', '재미있었어요'라는 추상적인 대답보다 무엇이 도움이 되었는지 구체적으로 대답할 수 있도록 지도한다.
- 집단원들이 듣고 말하기 프로그램에 참여하는 과정에서 사소한 말다툼이 일어나지 않도록 유의하여 지도한다.

8회기

나의 꿈, 나의 미래

주제

긍정적 자아상 고취, 자신에 대한 희망 갖기

① 나의 꿈 전시회

② 내가 만들어 가는 나의 미래

목표

- 자신의 미래상에 대해 생각해보고 새롭고 긍정적인 자아상을 형성한다.
- 현재 자신의 모습을 돌아보고 미래를 위해 준비해야 할 것들을 구체적으로 탐색한다.

도입

변화된 나의 모습

준비물

- 활동지 : 내가 만들어 가는 나의 미래
- 명찰, 매직, 사인펜, 규칙판, 양면테이프, 가위, 타임캡슐용 박스

지난 회기들을 통해 함께 했던 활동들에 대해 지도자가 간략히 정리한다.

변화된 나의 모습

- 프로그램에 참여하면서 변화된 자신의 모습을 떠올려보게 한다.
- 종이를 반으로 접어 한쪽에는 프로그램에 처음 참여할 때의 자신의 모습을, 다른 한쪽
  에는 프로그램을 마치는 지금 자신의 모습을 떠오르는 대로 몇 가지 적어보게 한다.
- 1회기에서 자신이 바라는 모습을 적어 타임캡슐에 넣었던 〈활동지 : 과거, 현재, 미래
  의 나〉를 꺼내어 자신이 적은 내용과 비교해보고 원하는 모습에 얼마나 가까워졌는
  지 생각해보게 한다.
- 자신의 변화에 대한 내용과 소감을 함께 나누고, 서로의 변화된 모습(표정, 태도, 행
  동, 말투 등)에 대하여 구체적으로 피드백을 주고, 긍정적으로 변화된 부분에 대해서
  칭찬의 말을 건넬 수 있도록 한다.

나의 꿈 전시회

1. 참여자들을 2명씩 짝을 지어 준다.

2. 짝꿍과 등을 맞대고 앉아 눈을 감고 잠시 자신이 꿈꾸는 10년 후의 자신의 모습을 상상해보도록 한다.

3. 이제부터 방금 떠올려본 자신의 모습을 그려볼 것이라고 설명한다. 이후 순서를 정해 한 사람이 전지 위에 자신이 원하는 포즈로 누우면, 짝꿍이 크레파스로 몸의 윤곽을 따라 밑그림을 그려준다. 한 사람의 밑그림이 완성되면 순서를 바꾸어 진행한다.

4. 각자가 꿈꾸는 미래의 모습을 자신의 밑그림 위에 자유롭게 표현해보도록 한다.

5. 완성된 그림을 벽에 붙여 전시한 후, 한 사람씩 돌아가며 자신의 그림에 대해 설명한다.

6. 그림 설명이 끝나면, 각자 서로의 그림을 감상하며 그림의 주인공에게 해주고 싶은 말을 포스트잇에 적어 그림의 여백에 붙여 선물한다.

7. 자신의 꿈을 떠올려보고, 친구들에게 선물을 받은 느낌을 함께 나누어본다.

내가 만들어 가는 나의 미래

미래에 대한 희망을 갖는 것은 현재의 어려움을 이길 수 있는 힘이 됨을 설명한다. 또한 불분명한 자신의 미래상을 구체적으로 확인해봄으로써 지금 내가 무엇을 해야 하는지를 실질적으로 결정할 수 있음을 설명한다.

1. 조용한 음악을 틀어주고 꿈꾸는 자신의 미래와 지금부터 내가 노력할 수 있는 일에 대해서 생각하는 시간을 가진 다음 〈활동지 : 내가 만들어 가는 나의 미래〉에 적어보도록 한다.

2. 자신이 바라는 모습이 되기 위하여 지금 내가 노력해야 하는 일과 가장 먼저 시작해야 하는 일을 실현 가능한 것부터 구체적으로 생각하고 기록하도록 지도한다.

3. 이처럼 꿈을 이루기 위해서는 지금부터 부지런히 준비해야 할 것들이 있으며, 각자에게는 꿈꾸는 일을 이룰 수 있는 충분한 시간과 능력이 있음에 대해 이야기하며 참여자들을 지지해준다.

내가 만들어 가는 나의 미래

내가 꿈꾸는 미래의 나의 모습을 위해 지금부터 나는 어떠한 노력을 할 수 있을까요?

	미래의 나의 모습	지금부터 내가 할 일은?
1주일 후		
1개월 후		
6개월 후		
1년 후		
5년 후		
10년 후		

정리

- 프로그램 첫 회기에서 작성했던 본인의 목표를 얼마큼 달성했는지 확인해본다.
- 프로그램에 참여하면서 새롭게 알게 된 것을 이야기한다.
- 지도자의 칭찬과 격려로 프로그램을 마무리하며, 앞으로 어려움이 있을 때 지속적인 연락과 도움 요청이 가능함을 설명한다.
- 위기상황 발생 시 대처할 수 있는 방법을 확인한 뒤 도움을 받을 수 있는 지역 상담기관의 연락처를 알려준다.

주의사항

- 지도자의 주관적 판단을 강요하지 않되 집단원들이 진지하게 생각하고 작성할 수 있도록 지도한다.
- 충분한 지지와 격려를 통해 집단원들이 자기 자신에 대한 긍정감과 자신감을 가질 수 있도록 도움을 주되, 과장된 칭찬이나 훈계로 집단원들의 거부감을 불러일으키지 않도록 유의한다.

부록 1
활동지

내 짝꿍을 소개합니다

- 이름

- 별명

- 형제 관계

- 취미 및 관심거리

- 좋아하는 노래

- 좋아하는 음식

- 좋아하는 계절

- 좋아하는 음악

- 좋아하는 연예인

- 지금 나의 기분

- 10년 후에 바라는 내 모습

- 앞으로의 꿈

우리가 함께 지켜야 할 약속

- 하나

- 둘

- 셋

- 넷

- 다섯

- 여섯

- 일곱

- 여덟

- 아홉

- 열

년   월   일

이름 :   (서명)

과거, 현재, 미래의 나

● 과거의 나

● 현재의 나

● 미래의 나

나 자신과의 약속

- 하나

- 둘

- 셋

- 넷

- 다섯

년   월   일

이름 :   (서명)

학교 폭력 상황카드

• **신체적 폭력**

　－ '야!' 하며 ○○를 툭 밀친다. 짜증나게 별 반응이 없다. 이번에는 머리카락을 잡아당긴다.

　－ 쉬는 시간이다. 안 그래도 출출하던 중에 ○○가 간식을 먹고 있는 게 보인다. 맛있어 보여서 '잠깐 맛 좀 보자'며 통째로 들고 내 자리에 가지고 와서 다 먹어버렸다.

　－ 오늘 시험인데 공부를 안 했다. 시험 보는 도중에 앞에 앉은 ○○의 의자를 툭툭 치며 시험지를 보여달라고 했다.

• **언어적 폭력**

　－ ○○이 머리를 감지 않았는지 머리에서 냄새가 났다. 집에 가면서 다른 친구에게 "야~ 오늘 ○○이 머리냄새 나서 죽는 줄 알았어! ○○ 너무 더럽고 역겹지 않냐?"라고 말했다.

　－ 성이 채 씨인 친구가 있다. 키도 작고 빼빼 말라서 평소에 "야! 채소!"라고 부른다. 내가 생각해도 기가 막힌 별명이다.

　－ 친구가 자꾸 짜증나는 행동을 해서 엄청 거슬린다. 그래서 정신 좀 차리고 똑바로 하라고, 짜증난다고 생각날 때마다 문자를 보낸다.

　－ 우리 반에 뚱뚱하고 못생긴 ○○는 아이들과 잘 어울리지도 못해서 맨날 혼자다. 조금 미안하기도 하지만 어차피 왕따인 아이니까 '뚱땡이'라고 실컷 놀려먹는다.

• **관계적 폭력**

　－ ○○은 툭하면 잘난 척에 하는 짓마다 재수가 없다. 아무래도 손을 좀 봐줘야겠다. 체육 시간에 ○○를 어느 팀에도 끼워주지 않았다.

　－ 체육 시간이다. 평소에 체육을 제일 잘한다고 인정받던 나인데, 오늘 ○○가 나보다 잘한다고 주목을 받았다. 어쩌다 한 번 잘한 주제에 ○○가 우쭐거리는 것 같고 짜증이 난다. 그래서 체육 시간 이후로 ○○가 말을 걸어도 대답도 안 하고 눈도 안 마주치고 있다.

　－ 체육 시간에 반에서 도난 사건이 터졌다. 분명 평소에 빌빌거리고 찌질한 ○○가 훔쳐간 게 분명하다. 반 아이들에게 ○○가 도둑질을 했다고 다 퍼트렸다.

학교 폭력 단어카드

발로 차기	이름 가지고 놀리기	째려보기
옷 더럽히기	외모 가지고 놀리기	말 안 걸기
머리 잡아당기기	비꼬아 말하기	대답 안 하기(씹기)
반찬 빼앗아 먹기	부모님 흉보기	피하기
심부름 시키기	욕하기	비웃기
꼬집기	나쁜 소문 퍼트리기	친구와 눈 안 마주치기
밀치기	뒤에서 험담하기	친구 보며 얼굴 찡그리기
발 걸기	싫어하는 별명 부르기	불러도 모른 척하기
머리 때리기	소리 지르기	친구가 돕는 것 막기
연필로 쿡쿡 찌르기	가정 형편 놀리기	친구 앞에서 귓속말하기
돈 뺏기	위협하는 쪽지 보내기	실수하면 낄낄대며 웃기
준비물 빼앗기	성적 가지고 흉보기	놀이에 끼워주지 않기
숙제 시키기	협박하는 문자 보내기	문자나 전화 무시하기
주먹으로 때리기	내 잘못 뒤집어씌우기	이간질하기
어깨 두드리기	모르는 문제 알려주기	숙제 도와주기
말 걸기	준비물 빌려주기	집에 같이 가기
칭찬해주기	간식 나눠 먹기	놀이에 끼워주기

학교 폭력 단어카드 분류판

• 신체적 폭력

• 언어적 폭력

• 관계적 폭력

• 비폭력

OX 게임용 문장

내용	정답
사소한 행동이나 장난으로 친구를 놀리거나 괴롭히는 것도 폭력이다.	○
정의로운 폭력이라 해도 폭력은 나쁜 것이다.	○
진짜 맞을 만한 짓을 하는 친구들은 맞아야 한다.	×
재미로 괴롭히거나 때리는 행위는 정말 비열한 것이다.	○
내 생각이 옳다면 나와 생각이 다른 친구들은 때려서라도 설득해야 한다.	×
자주 맞는다면 분명 맞는 친구에게 문제가 있을 것이다.	×
친구들이 괴롭힐 때 참지 말고 주변에 알리고 도움을 요청해야 한다.	○
때로는 말보다 한 번의 주먹이 훨씬 효과적이다.	×
여자를 때리는 것은 비겁한 일이지만 남자들끼리는 괜찮다.	×
때리거나 괴롭힐 때 친구가 '싫어'라고 말해도, 실제로 속으로는 즐기는 것이다.	×
사람을 차별하는 일도 폭력이다.	○
친구들과 어울리려면 하기 싫어도 다른 사람을 괴롭힐 때 같이 괴롭혀야 한다.	×
내가 힘이 세다는 것을 꼭 남에게 드러낼 필요는 없다.	○
화가 날 때 폭력을 사용하면 오히려 더 화가 나게 된다.	○
많은 사람들이 편하기 위해 소수의 사람이 희생되는 것은 어쩔 수 없다.	×
누구나 100% 완벽하지 않으므로 다른 사람의 단점을 포용할 줄 알아야 한다.	○
폭력은 얻는 것보다 잃는 것이 더 많다.	○
폭력은 내가 강하다는 것을 보여주는 좋은 방법이다.	×
학교 폭력으로 인해 법적인 처벌을 받을 수 있다.	○
학교 폭력이 발생하면 민·형사상 소송이 진행될 수 있다.	○
학교 폭력 발생 시 괴롭힘을 당한 학생에게 치료 및 상담 비용을 지불해야 한다.	○

하늘로 보내는 편지

혜선아. 네가 차가운 아스팔트 바닥으로 몸을 던진 지 벌써 1년 반이 지났다. 이번에 대학에 들어가, 요즘 네 생각이 부쩍 나. 그동안 너무 힘들었어. 네가 이 땅에 없다는 게 아직도 실감이 안나. 가끔 혼자 있을 땐 자꾸 눈물이 난다.

너를 지켜주지 못한 죄책감 때문에 너무 힘들어. 네가 뛰어내리기 이틀 전 못된 아이들이 너를 둘러싸고 얼굴을 때리고, 발로 차고, 머리채를 끌고 다니던 모습이 자꾸 생각나. 난 네가 착하게 열심히 공부만 하는 줄 알았어. 그런데 너는 쭉 그렇게 그애들한테 맞고 살았다고 하더라. 너는 내가 무슨 일 있으면 발 벗고 도와주려 했을 텐데 난 네가 그렇게 맞는 모습을 보면서도 아무 도움도 주지 못했어. 정말 미안해.

너 뛰어내리기 전날 밤 나랑 채팅했던 것 기억나니? 너 그날 "나 너무 추워, 온몸에 피멍이 들었어. 마음이 너무 아파." 이렇게 말했는데…. 그리고 다음 날 집에 돌아갈 거라고 말했는데…. 지금 생각하면 당장 안산으로 달려가 너를 데려오지 못한 게 무지무지 후회된다.

나 혼자 이렇게 살아있는 것이 너에게 너무 미안해. 널 위해 할 수 있는 건 기도밖에 없구나. 부디 지옥 같은 세상은 모두 잊고 천국에서는 행복하길 기도할게.

실제 사례자의 글

- 보잘것없는 사람 같다는 기분을 느껴본 적이 있나요?
- 마치 작은 공기 한 줌도 안 되는 형편없는 존재가 된 것 같은 기분을 느껴본 적이 있나요?
- 내 주변에 친구들이 웃고 떠들고 있지만 아무도 내가 그곳에 있다는 것을 모릅니다.

- 1년 이상 친구 없이 지내본 적이 있나요?
- 체육 시간에 혼자 버려진 적이 있나요?
- 점심 시간에 밥을 혼자 먹은 적이 있나요?
- 저에겐 친구가 필요해요. 정말로 죽고 싶어요.
- 제 뒤에서 '재수 없는 놈'이라며 욕을 하고 누군가 제 책상에 쓰레기, 음식 먹고 남은 걸 버리고 갈 때 정말 학교에서 도망쳐 나오고 싶어요.
- 그렇게 무시를 당하는 제 자신이 너무 한심하고 미워요.
- 왜 저는 친구들에게 놀림만 당하고 미움만 받는지, 왜 이렇게 저는 못났는지, 왜 이렇게 태어난 걸까요? 아침마다 학교 가는 게 두려워요.

새로운 시각으로 바라보기

상황
키도 작고 마르고 왜소한 경훈이는 체육 시간만 되면 같이 활동을 하지 않고 의자에 가만히 앉아만 있다. 오늘은 축구를 하다가 공이 굴러갔는데 하는 일도 없는 녀석이 자기 앞으로 굴러간 공을 돌려주지도 않고 멍하니 앉아만 있는 것이다. 그 자식 때문에 구석에 있는 의자까지 뛰어가야 했다. 이런 적이 도대체 한두 번이 아니다. 한 번 제대로 혼내줘야겠다.

질문
다음의 질문을 고려하여 주인공에 대한 새로운 이야기를 만들어보세요

"주인공은 왜 그랬을까?"

"이 친구의 어려운 점은 어떤 것이 있을까?"

"이 친구가 걱정하는 것이 있다면 어떤 것일까?"

"내가 주인공이었다면 어땠을까?"

"주인공을 새로운 눈을 바라보기 위해서는 어떤 점을 고려하면 좋을까?"

관점 바꾸기
새로운 눈으로 이해하기

빈 의자 체험 상황카드

상황 1
민수는 걸핏하면 별것도 아닌 일에 화를 내고 욕을 한다. 힘이 센 것도 아니고 잘난 것도 없는 주제에 성질을 부리고 센 척하는 것이 너무 짜증난다. 언제 한번 혼쭐을 내줘야겠다.

피해자 입장의 예 : 나의 부모님은 매우 엄하다. 내가 작은 실수라도 하면 어찌나 화를 내고 혼을 내시는지, 나는 그럴 때면 꼼짝도 할 수 없다. 아무리 잘해보려고 해도 잘 되지가 않고, 행동 하나하나 잘못할까 봐 불안하고 신경이 쓰인다. 나는 집에서도 절대 편안함을 느끼지 못한다. 나는 학교에서 누가 나를 건드리면 참을 수가 없고 화가 치밀어 나도 모르게 욕을 하게 된다. 이런 내 모습이 나도 참 싫지만 통제가 잘 되지 않는다.

상황 2
쉬는 시간에 나는 친구들과 도미노 게임을 하고 있었다. 교실 뒤에서 하나하나 쌓아가고 있는데 갑자기 운동장에서 놀다가 뛰어 들어온 경수가 헉헉대며 지나가면서 나를 밀쳐서 그만 도미노가 다 무너지고 말았다. 몇 분 동안 만든 도미노인데 다 망가져 버렸다.

피해자 입장의 예 : 쉬는 시간에 축구를 하다가 숨이 차서 들어온 나는 정신이 없어서 교실 바닥에 친구들이 만들어 놓은 도미노를 피해서 간다는 것이 실수로 그만 도미노를 무너뜨렸다.

나의 분노 패턴 발견하기

● 평소 나를 화나게 하는 상황은?

● 화가 날 때 나는?
　① 신체적 변화

　② 행동적 변화

● 화를 내고 난 후의 결과는?
　① 어떤 결과가 나타났는가?

　② 그때의 내 마음은?

감정온도계

0% 30% 50% 70% 100%

분노 대처방법 나무

숨겨진 욕구 사례

상황

우리 반에서 예쁘장하게 생긴 친구, 공부도 운동도 매우 잘해서 아이들의 시선을 받는다. 오늘은 사진을 찍는데 예쁜 옷을 입고 포즈를 연예인처럼 취해서 사진사로부터 칭찬을 받기도 했다. 이 장면을 보면서 쑥덕거리던 A는 그 친구를 불러서 한마디 한다.

"왜 튀려고 난리냐? 잘난 척 좀 하지마! 재수없어!"

나의 욕구

나는 ~을 원하기 때문에 ~한 상황에서 ~을 느낀다.

바람직한 대처법

화 뒤에 숨어 있는 나의 속마음

- 화 뒤에 꼭꼭 숨어 있는 속마음과 욕구

"내가 잘못했지만 인정하고 싶지 않아. 네 탓이야!"

죄책감	욕구

"나를 함부로 대하거나 나를 비판하는 것은 참을 수 없어! 재수없어!"

수치심	욕구

"나의 뜻대로 되지 않으니 짜증이 나!"

좌절감	욕구

"주변 사람에게 좋은 일이 있으니까 샘이 나! 미워!"

시기심	욕구

"남을 지배하고 통제해야만 속이 시원해!"

불안정감	욕구

욕구카드

• 숨겨진 욕구

일을 잘 해내고 싶어	중요한 사람으로 존중받고 싶어
나의 뜻대로 하고 싶어	나도 잘 해서 인정받고 싶어
다른 사람보다 우월하고 싶어	

• 숨겨진 감정

죄책감	수치심
좌절감	시기심
불안정감	

나는 어떤 유형일까?

다음에 제시된 문장을 잘 읽고, 각 문장의 내용이 평소 자신의 생각과 얼마나 일치한다고 생각하는지 해당하는 점수를 괄호 안에 적어주세요.

※ 1=전혀 그렇지 않다, 2=그렇지 않다, 3=보통이다, 4=그렇다, 5=매우 그렇다

	문장	A	B	C	D	E
1	싸움은 피하는 것이 상책이다	( )				
2	내 생각대로 사람들을 설득하는 것은 능력이다		( )			
3	부드러운 말은 무자비한 마음을 푼다			( )		
4	이에는 이 눈에는 눈				( )	
5	한 사람의 생각보다 여러 사람의 의견이 더 낫다					( )
6	두 사람이 다툴 때 먼저 침묵을 지키는 사람이 더 훌륭하다	( )				
7	힘이 곧 정의다		( )			
8	친절한 사람은 적이 없다			( )		
9	아주 없는 것보다는 조금이라도 있는 것이 낫다				( )	
10	솔직함, 정직함, 믿음이 있으면 산이라도 옮긴다					( )
11	뜻이 다른 사람과는 가까이하지 않는 것이 좋다	( )				
12	싸움에서는 무조건 이겨야 한다		( )			
13	오 리를 가자고 하면 십 리를 간다			( )		
14	선물은 좋은 친구를 만든다				( )	
15	갈등은 해결될 수 있다					( )
16	갈등을 다루는 최선의 방법은 피하는 것이다	( )				
17	세상에는 승자와 패자 두 종류의 사람이 있다		( )			
18	받는 것보다 주는 것이 낫다			( )		
19	둘 다 중간이라면 공평하게 얻은 것이다				( )	
20	시간이 걸려도 모두 만족하는 방법을 찾아야 한다					( )
총점 점수를 세로로 더해주세요. 내 각 유형별 점수는?						

다섯 가지 갈등 해결 유형

A형 : 느긋한 거북이형(갈등을 피하기 위해 상황 자체를 회피하는 유형)

장점	단점

B형 : 열정적인 사자형(어떤 상황에서도 자기의 목표를 포기하지 않는 유형)

장점	단점

C형 : 다정한 곰돌이형(관계를 유지하기 위해서 자기의 목표를 포기하는 유형)

장점	단점

D형 : 영리한 여우형(중간 지점에서 타협하는 유형)

장점	단점

E형 : 지혜로운 부엉이형

장점	단점

대처 유형 소개(1)

상황 친구가 자꾸 내가 앉은 의자를 툭툭 건드리며 "야~ 이 바보새끼야."라며 놀린다.

대처 행동	• 화가 나지만 반응하지 않고 속으로 삭힌다. • 친구가 밉지만 표현하지 않는다. • 친구의 행동이 바뀌기 바라지만 아무 조치도 하지 않는다. • 아예 그 상황을 피해 다른 곳(화장실, 운동장 등)으로 간다.
대처 유형	• 나 없는 대처 ( ) • 나 우선 대처 ( ) • 함께하는 대처 ( )
장점	
단점	

대처 유형 소개(2)

친구가 자꾸 내가 앉은 의자를 툭툭 건드리며 "야~ 이 바보새끼야."라며 놀린다.

대처 행동	• 씩씩대며 신경질을 낸다. • 참다가 갑자기 화를 낸다. • 책상을 손으로 내리치며 소리를 지른다. • 힘을 과시하며 심하게 욕을 해준다. • 친구에게 폭력 행사를 하여 꼼짝 못하게 한다.
대처 유형	• 나 없는 대처 ( ) • 나 우선 대처 ( ) • 함께하는 대처 ( )
장점	
딘짐	

일곱 가지 말만 해요

- 어제 새로 옷 샀는데, 이 옷 어때?
- 네 공책에 내가 실수로 우유를 쏟았는데 어쩌지?
- 내가 한 말 때문에 기분 나빴니?
- 나 이번 시험에서 점수가 20점이나 올랐어.
- 어제 약속에 왜 안 나왔니?
- 네가 가장 듣고 싶은 말이 뭐니?
- 방금 빵을 사 왔는데 같이 먹을래?
- 오늘 집에 같이 갈래?
- 만약 부모님이 앞에 있다면 뭐라고 말하고 싶니?
- 네가 어제 문자를 씹어서 너무 속상했어.
- 나에게 무슨 말을 해주고 싶니?
- 내 별명 부르는 거 싫은데 그만해줄래?
- 아까 아이들이 너를 둘러싸고 뭐라고 하는 것 같던데 괜찮니?
- 이 프로그램에 참여하는 시간 어떠니?
- 생일 축하해!
- 힘들면 내가 도와줄까?
- 자, 여기 어제 네가 놓고 간 물건이야.
- 왜 내가 한 말을 무시하니?
- 오늘 오후에 같이 농구하자.
- 오늘 내가 한 발표 어땠어?
- 내가 노트 필기 한 것 보여줄게.
- 너 참 멋지다.
- 왜 자꾸 나를 괴롭히는 거니?
- 나에 대해서 안 좋은 이야기를 해서 상처 받았어.
- 나도 게임에 같이 끼어도 괜찮을까?
- 잘한 걸까, 왠지 자신이 없어.
- 네 운동화 정말 좋아 보인다.
- 공부하느라 힘들지?
- 너 자신의 능력이 어떻다고 생각해?
- 나랑 수행평가 같은 팀 할래?

나 전달법 연습지

※ 아래 예시문을 읽고 '나 전달법'과 '너 전달법'을 구분해보세요.

상황 1 **미술 시간에 친구가 책상을 밀치고 간다.**

( ) 야, ○○ 너 왜 그래, 짜증나게… 너 때문에 다 망쳤잖아!!!

( ) 네가 책상을 밀쳐서 내가 그리고 있던 그림이 망가졌어. 거의 완성되어 가고
있었는데 지금 너무 속상하다.

상황 2 **엄마가 TV를 보고 있는 나에게 버럭 화를 내신다.**

( ) 엄마, 엄마가 갑자기 소리를 지르니까 너무 놀랐어요. 숙제 다 하고 엄마 말
대로 시간 정해서 TV 보면서 쉬던 중이었는데 그렇게 화부터 내시니까 지금
너무 속상해요.

( ) 아, 놀랬잖아요. 맨날 보는 것도 아닌데, 엄만 항상 나만 보면 뭐라 그래.

상황 3 **친구가 자꾸 학원을 빠지고 놀러가자고 한다.**

( ) 나도 학원 가는 게 힘들긴 하지만 그래도 학원 빠지고 엄마한테 거짓말을 하
고 싶지는 않아. 학원에 가는 게 난 더 좋을 것 같아.

( ) 야, 너는 왜 자꾸 나한테까지 학원을 빠지라고 그러냐?

의사 전달 연습지

1. 친구들이 장난치며 뛰어다니다가 나와 세게 부딪쳤다.

2. 친구가 내 물건을 말도 하지 않고 가져가서 쓴다.

3. 수업시간에 옆에서 친구들이 크게 이야기하고 있다.

4. 친구가 지나가다가 내 책상 위에 있는 필통을 떨어뜨렸다.

5. 급식 먹으려고 줄을 서 있는데 옆 친구가 계속 장난치며 민다.

의사 전달 연습지 (계속)

6. 준비물을 가져오지 않아서 옆에 있는 친구에게 빌리고 싶다.

7. 청소 시간에 나는 빨리 청소를 마치고 학원을 가야 하는데 친구는 놀고 있다.

8. 친구에게 다가가 모르는 문제를 물어보는데 나를 쳐다보지도 않고 무시한다.

9. 체육 시간에 내가 공을 놓칠 때마다 한 친구가 '병신 같은 놈'이라며 소리를 지른다.

10. 한 친구가 다른 아이들에게 내가 다른 아이의 돈을 훔쳤다면서 거짓말을 하고 다닌다.

역할연기 카드

 상황 1
체험학습을 가는 시내버스 안에서 친구들 몇 명이 자리에 앉아 있다. 몸이 좋지 않아 자리에 앉아 가고 싶은데 책가방만 놓여 있는 자리가 하나 보인다.

A : 혹시 거기 자리 있니?

B : 자리는 없는데 여기 나 혼자 앉을 거야.

C : 야, 넌 저기 가서 서서 가.

A :

상황 2
쉬는 시간에 아이들이 매점 앞에 앉아 이야기를 하고 있다.

B : (C에게 쑥덕거리며 이야기를 한다) 쟤가 애들한테 너 욕하고 다닌대~!

A : (관심을 보이며) 무슨 이야기 하니?

C : (모르는 척하며) 야! 너 내 욕하고 다녔다며? 진짜 재수 없다.

A :

상황 3
체육 시간에 깜박 잊고 줄넘기를 교실에서 안 가지고 나왔다. 마침 친구 한 명이 교실에 다녀온다고 한다.

A : 가는 김에 내 줄넘기 좀 갖다 줄래?

B : 나도 가는 김에 주전자 좀 부탁할게.

C : (못 들었는지 대답을 안 한다)

A :

내가 만들어 가는 나의 미래

내가 꿈꾸는 미래의 나의 모습을 위해 지금부터 나는 어떠한 노력을 할 수 있을까요?

	미래의 나의 모습	지금부터 내가 할 일은?
1주일 후		
1개월 후		
6개월 후		
1년 후		
5년 후		
10년 후		

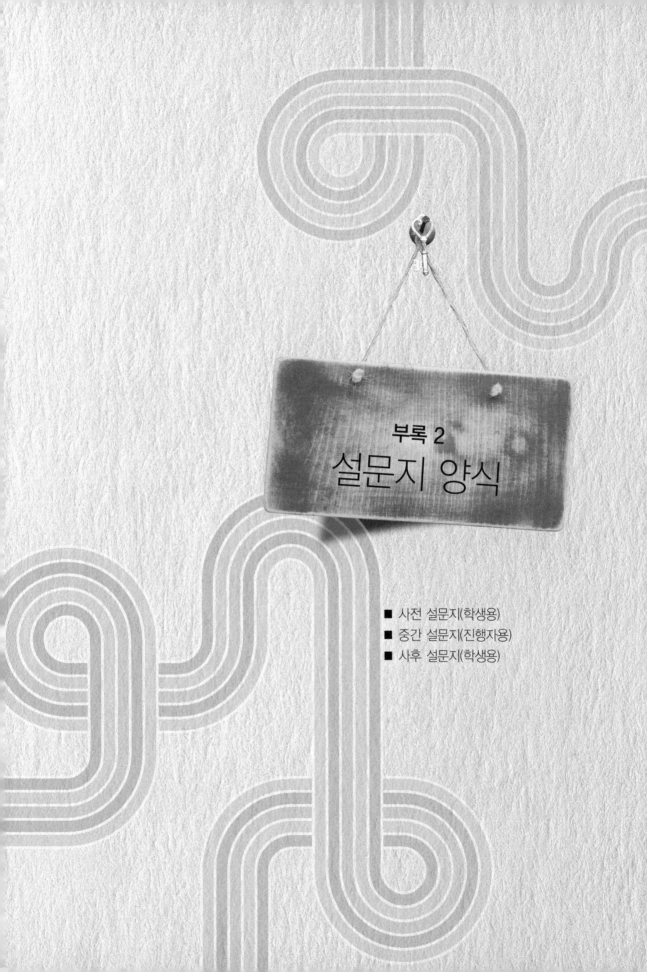

부록 2
설문지 양식

■ 사전 설문지(학생용)
■ 중간 설문지(진행자용)
■ 사후 설문지(학생용)

사전 설문지(학생용)

안녕하세요, 여러분?

우선 설문에 참여해주어서 고맙습니다. 이 설문지는 여러분의 프로그램에 대한 의견과 여러분의 입장이나 생각들을 알아보기 위한 것입니다. 설문지에서 여러분에게 물어보게 될 질문은 결코 정답이나 좋은 답이 있는 것이 아니므로 고민하지 말고 여러분의 생각을 솔직하게 적어주세요.

여러분이 응답한 설문 내용은 결코 다른 사람에게 보여지는 것이 아니며 프로그램 개선을 위해서만 사용될 것입니다. 개인의 정보에 대한 비밀보장은 기본이고요. 아무쪼록 여러분이 애써 작성한 설문지가 유용하게 사용될 수 있도록 다소 길고 지루하게 느껴지더라도 빠짐없이 성실하게 써주세요. 간혹 유사한 질문이 반복되기도 하는데 정확한 평가를 위한 것이니 이해 바랍니다.

다시 한 번 이번 설문에 참여해주어 진심으로 고마운 마음을 전합니다.

프로그램 중앙지원팀

0. 기본 인적사항

여러분과 관련된 일반적인 사항에 대한 질문입니다. 잘 읽고 해당하는 곳을 채우거나 답해주세요.

0. 작성일 : _____년 _____월 _____일

1. 성명 : _____(이름의 자음만 쓰세요. 예 : 홍길동 → ㅎㄱㄷ)

2. 생년 : _____년 _____월

3. 연령 : _____세

4. 성별 : _____(남 / 여)

5. 우리 집은 경제적으로 다음 중 어디에 속한다고 생각하세요? (　　　　)

　①상　　②상중　　③중　　④중하　　⑤하

6. 본인의 키를 써주세요. (　　　　)cm

7. 본인의 몸무게를 써주세요. (　　　　)kg

8. 본인의 학교성적은 다음 중 어디에 해당합니까? (　　　　)

　①상　　②상중　　③중　　④중하　　⑤하

9. 학교에서 나의 고민을 털어놓을 수 있는 친한 친구는 약 몇 명입니까?

(　　　　)명

10. 다음 질문을 읽고 본인에게 해당하는 칸에 ○표 해주세요.

번호	질문 내용	전혀 없었음	드물게 있었음	가끔 있었음	자주 있었음
1	나는 지난 한 달 동안 친구들과 술을 마신 경험이 있다.				
2	나는 지난 한 달 동안 담배를 피운 경험이 있다.				

1. AMPQ-II

각 질문을 읽고 본인에게 해당하는 칸에 ○표 해주세요.

전혀 아니다	조금 그렇다	그렇다	매우 그렇다
0	1	2	3

1. 집중을 해야 할 때(수업시간, 공부, 책 읽기) 집중을 못하고 딴짓을 한다.

2. 인터넷이나 게임으로 인해 일상생활에 어려움(부모와의 갈등, 학교 생활에 지장 등)이 있다.

3. 원치 않는 생각이나 장면이 자꾸 떠오른다.

4. 잠들기 어렵거나 깊이 자지 못하고 자주 깬다.

5. 화가 나면 참기 어렵다.

6. 단식, 운동, 약물을 사용하여 단기간에 무리하게 체중을 줄이려 한 적이 있다.

7. 지속적으로 자살을 생각하거나 구체적인 계획을 세운 적이 있다.

8. 누군가로부터 신체적·언어적 폭력을 당한 적이 있다.

9. 만사가 귀찮고 재미가 없다.

10. 부모님이나 선생님의 지시에 거부감이 생겨 잘 따르지 않는 편이다.

11. 친구들이 괴롭히거나 따돌림을 당한 적이 있다.

12. 수업시간에 배우는 내용을 이해하기 어렵다.

13. 사람들이 나를 감시하거나 해칠 것 같다.

14. 성에 대하여 지나치게 많이 생각한다.

15. 뚜렷한 이유 없이 자주 여기저기 아프고 불편하다.
(예 : 두통, 복통, 구토, 메스꺼움, 어지러움 등)

16. 학생에게 금지된 약물을 사용한다. (예 : 담배, 술, 본드, 엑스터시 등)

17. 내 생각을 다른 사람들이 다 알고 있는 것 같다.

18. 나를 괴롭히는 친구가 있다.

19. 경련을 일으키거나 정신을 잃고 쓰러진 적이 있다.

20. 나는 남보다 열등감이 많다.

21. 우리 집은 가족 간의 갈등이 있다.

22. 심각한 규칙 위반을 하게 된다. (예 : 무단결석, 가출, 유흥업소 출입 등)

23. 이유 없이 기분이 며칠간 들뜬 적이 있거나 기분이 자주 변하는 편이다.

24. 성적인 충동을 자제하기 어렵다. (예 : 자위행위, 야동, 야설 등)

25. 기다리지 못하고 생각보다 행동이 앞선다.

26. 다른 사람의 물건을 부수거나 빼앗거나 훔치게 된다.

27. 다른 사람이 나에 대해 수군거리는 것 같다.

28. 가만히 앉아 있지 못하고 손이나 발을 계속 꼼지락거린다.

29. 원치 않는 행동을 자꾸 반복하게 된다. (예 : 손 씻기, 확인하는 행동, 숫자 세기 등)

30. 사람이나 동물을 괴롭히거나 폭력을 휘두른다.

31. 이유 없이 일주일 이상 우울하거나 짜증이 난다.

32. 친구 사귀기가 어렵거나 친한 친구가 없다.

33. 다른 사람이 듣지 못하는 말소리 같은 것이 들린다.

34. 사람들 앞에서 말하기가 두렵다.

35. 누군가로 인해 성적 수치심을 느낀 적이 있다.

36. 거짓말을 자주 한다.

37. 토할 정도로 단시간에 폭식한 적이 있다.

38. 쓸데없는 걱정을 한다.

2. CDI

아래에 각 문항마다 여러 가지 느낌과 생각들이 적혀 있는 문장들이 있습니다. 그중에서 지난 2주 동안 나를 가장 잘 나타내주는 문장의 번호에 ○표 해주세요.

1 ☐ 0) 나는 가끔 슬프다.
  ☐ 1) 나는 자주 슬프다.
  ☐ 2) 나는 항상 슬프다.

2 ☐ 0) 나에게 제대로 되어 가는 일이란 없다.
  ☐ 1) 나는 일이 제대로 되어 갈지 확신할 수 없다.
  ☐ 2) 나에겐 모든 일이 제대로 되어 갈 것이다.

3 ☐ 0) 나는 대체로 무슨 일이든 웬만큼 한다.
  ☐ 1) 나는 잘 못하는 일이 많다.
  ☐ 2) 나는 모든 일을 잘 못한다.

4 ☐ 0) 나에게는 재미있는 일들이 많다.
  ☐ 1) 나는 재미있는 일들이 더러 있다.
  ☐ 2) 나는 어떤 일도 전혀 재미가 없다.

5 ☐ 0) 나는 언제나 못됐다.
  ☐ 1) 나는 못됐을 때가 많다.
  ☐ 2) 나는 가끔 못됐다.

6 ☐ 0) 나는 가끔씩 나에게 나쁜 일이 일어나지 않을까 생각한다.
  ☐ 1) 나는 나에게 나쁜 일이 일어날까 걱정한다.
  ☐ 2) 나는 나에게 무서운 일이 일어나리라는 것을 확신한다.

7 ☐ 0) 나는 나 자신을 미워한다.

☐ 1) 나는 나 자신을 좋아하지 않는다.

☐ 2) 나는 나 자신을 좋아한다.

8 ☐ 0) 잘못되는 일은 모두 내 탓이다.

☐ 1) 잘못되는 일 중 내 탓인 것이 많다.

☐ 2) 잘못되는 일은 보통 내 탓이 아니다.

9 ☐ 0) 나는 자살을 생각하지 않는다.

☐ 1) 나는 자살에 대하여 생각은 하지만 그렇게 하지는 않을 것이다.

☐ 2) 나는 자살하고 싶다.

10 ☐ 0) 나는 매일 울고 싶은 기분이다.

☐ 1) 나는 울고 싶은 기분인 날도 많다.

☐ 2) 나는 때때로 울고 싶은 기분이 든다.

11 ☐ 0) 이일 저일로 해서 늘 성가시다.

☐ 1) 이일 저일로 해서 성가실 때가 많다.

☐ 2) 간혹 이일 저일로 해서 성가실 때가 있다.

12 ☐ 0) 나는 사람들과 함께 있는 것이 좋다.

☐ 1) 나는 사람들과 함께 있는 것이 싫을 때가 많다.

☐ 2) 나는 사람들과 함께 있는 것을 전혀 원치 않는다.

13 ☐ 0) 나는 어떤 일에 대한 결정을 내릴 수가 없다.

☐ 1) 나는 어떤 일에 대한 결정을 내리기가 어렵다.

☐ 2) 나는 쉽게 결정을 내린다.

14 ☐ 0) 나는 괜찮게 생겼다.

☐ 1) 나는 못생긴 구석이 약간 있다.

☐ 2) 나는 못생겼다.

15 ☐ 0) 나는 학교 공부를 해내려면 언제나 노력해야만 한다.

☐ 1) 나는 학교 공부를 해내려면 많이 노력해야만 한다.

☐ 2) 나는 별로 어렵지 않게 학교 공부를 해낼 수 있다.

16 ☐ 0) 나는 매일 밤에 잠들기가 어렵다.

☐ 1) 나는 잠들기 어려운 밤이 많다.

☐ 2) 나는 잠을 잘 잔다.

17 ☐ 0) 나는 가끔 피곤하다.

☐ 1) 나는 자주 피곤하다.

☐ 2) 나는 언제나 피곤하다.

18 ☐ 0) 나는 밥맛이 없을 때가 대부분이다.

☐ 1) 나는 밥맛이 없을 때가 많다.

☐ 2) 나는 밥맛이 좋다.

19 ☐ 0) 나는 몸이 쑤시고 아프다든지 하는 것에 대해 걱정하지 않는다.

☐ 1) 나는 몸이 쑤시고 아픈 것에 대해 걱정할 때가 많다.

☐ 2) 나는 몸이 쑤시고 아픈 것에 대해 항상 걱정한다.

20 ☐ 0) 나는 외롭다고 느낀다.

☐ 1) 나는 자주 외롭다고 느낀다.

☐ 2) 나는 항상 외롭다고 느낀다.

21 ☐ 0) 나는 학교 생활이 재미있었던 적이 없다.

☐ 1) 나는 가끔씩 학교 생활이 재미있다.

☐ 2) 나는 학교 생활이 재미있을 때가 많다.

22 ☐ 0) 나는 친구가 많다.

☐ 1) 나는 친구가 약간 있지만 더 있었으면 한다.

☐ 2) 나는 친구가 하나도 없다.

23 ☐ 0) 나의 학교 성적은 괜찮다.

☐ 1) 나의 학교 성적은 예전처럼 좋지는 않다.

☐ 2) 예전에 내가 무척 잘하던 과목도 요즈음에는 성적이 뚝 떨어졌다.

24 ☐ 0) 나는 절대로 다른 아이들처럼 착할 수가 없다.

☐ 1) 나는 내가 마음만 먹으면 다른 아이들처럼 착할 수 있다.

☐ 2) 나는 다른 아이들처럼 착하다.

25 ☐ 0) 나를 진심으로 좋아하는 사람은 아무도 없다.

☐ 1) 나를 진심으로 좋아하는 사람이 있을지 확실하지 않다.

☐ 2) 분명히 나를 진심으로 좋아하는 사람이 있다.

26 ☐ 0) 나는 나에게 시킨 일을 대체로 한다.

☐ 1) 나는 나에게 시킨 일을 대체로 하지 않는다.

☐ 2) 나는 나에게 시킨 일을 절대로 하지 않는다.

27 ☐ 0) 나는 사람들과 사이좋게 잘 지낸다.

☐ 1) 나는 사람들과 잘 싸운다.

☐ 2) 나는 사람들과 언제나 싸운다.

3. UCLA loneliness scale

여러분과 주위 사람의 관계를 묻는 질문입니다. 현재 상태를 가장 잘 표현한다고 생각하는 보기를 고르세요.

1. 주위 사람들과 '마음이 통한다고' 얼마나 자주 느끼십니까? (　　)
   ① 늘 느낀다　② 종종 느낀다　③ 거의 느끼지 않는다　④ 전혀 느끼지 않는다

2. 친구를 사귀는 능력이 부족하다고 얼마나 자주 느끼십니까? (　　)
   ① 전혀 느끼지 않는다　② 거의 느끼지 않는다　③ 종종 느낀다　④ 늘 느낀다

3. 당신이 의지할 사람이 아무도 없다고 얼마나 자주 느끼십니까? (　　)
   ① 전혀 느끼지 않는다　② 거의 느끼지 않는다　③ 종종 느낀다　④ 늘 느낀다

4. 당신이 혼자라고 얼마나 자주 느끼십니까? (　　)
   ① 전혀 느끼지 않는다　② 거의 느끼지 않는다　③ 종종 느낀다　④ 늘 느낀다

5. 당신이 친구 집단의 일원이라고 얼마나 자주 느끼십니까? (　　)
   ① 늘 느낀다　② 종종 느낀다　③ 거의 느끼지 않는다　④ 전혀 느끼지 않는다

6. 당신이 주위 사람들과 공통되는 게 많다고 얼마나 자주 느끼십니까? (　　)
   ① 늘 느낀다　② 종종 느낀다　③ 거의 느끼지 않는다　④ 전혀 느끼지 않는다

7. 당신이 더 이상 누구와도 가깝지 않다고 얼마나 자주 느끼십니까? (　　)
   ① 전혀 느끼지 않는다　② 거의 느끼지 않는다　③ 종종 느낀다　④ 늘 느낀다

8. 당신의 관심이나 생각이 주위 사람들과 공유되지 못한다고 얼마나 자주 느끼십니까? (　　)
   ① 전혀 느끼지 않는다　② 거의 느끼지 않는다　③ 종종 느낀다　④ 늘 느낀다

9. 당신이 사교성과 싹싹함이 있다고 얼마나 자주 느끼십니까? (　　)
   ① 늘 느낀다　② 종종 느낀다　③ 거의 느끼지 않는다　④ 전혀 느끼지 않는다

10. 사람들과 가깝다고 얼마나 자주 느끼십니까? (   )

    ① 늘 느낀다   ② 종종 느낀다   ③ 거의 느끼지 않는다   ④ 전혀 느끼지 않는다

11. 따돌림을 당하고 있다고 얼마나 자주 느끼십니까? (   )

    ① 전혀 느끼지 않는다   ② 거의 느끼지 않는다   ③ 종종 느낀다   ④ 늘 느낀다

12. 다른 사람들과의 관계가 의미 없다고 얼마나 자주 느끼십니까? (   )

    ① 전혀 느끼지 않는다   ② 거의 느끼지 않는다   ③ 종종 느낀다   ④ 늘 느낀다

13. 누구도 당신을 제대로 아는 사람은 없다고 얼마나 자주 느끼십니까? (   )

    ① 전혀 느끼지 않는다   ② 거의 느끼지 않는다   ③ 종종 느낀다   ④ 늘 느낀다

14. 다른 사람들로부터 고립되어 있다고 얼마나 자주 느끼십니까? (   )

    ① 전혀 느끼지 않는다   ② 거의 느끼지 않는다   ③ 종종 느낀다   ④ 늘 느낀다

15. 당신이 원할 때는 친구관계를 맺을 수 있다고 얼마나 자주 느끼십니까? (   )

    ① 늘 느낀다   ② 종종 느낀다   ③ 거의 느끼지 않는다   ④ 전혀 느끼지 않는다

16. 당신을 진정으로 이해하는 사람이 있다고 얼마나 자주 느끼십니까? (   )

    ① 늘 느낀다   ② 종종 느낀다   ③ 거의 느끼지 않는다   ④ 전혀 느끼지 않는다

17. 자신이 수줍어한다고 얼마나 자주 느끼십니까? (   )

    ① 전혀 느끼지 않는다   ② 거의 느끼지 않는다   ③ 종종 느낀다   ④ 늘 느낀다

18. 주위에 사람들이 있지만 당신과 함께하지는 않는다고 얼마나 자주 느끼십니까? (   )

    ① 전혀 느끼지 않는다   ② 거의 느끼지 않는다   ③ 종종 느낀다   ④ 늘 느낀다

19. 당신이 이야기를 나눌 수 있는 사람이 있다고 얼마나 자주 느끼십니까? (   )

    ① 늘 느낀다   ② 종종 느낀다   ③ 거의 느끼지 않는다   ④ 전혀 느끼지 않는다

20. 당신이 의지할 사람이 있다고 얼마나 자주 느끼십니까? (   )

    ① 늘 느낀다   ② 종종 느낀다   ③ 거의 느끼지 않는다   ④ 전혀 느끼지 않는다

4. BIS-II

여러분의 계획성에 관련된 질문입니다. 자신을 가장 잘 설명하는 항목에 ○표 하세요.

번호	문항	매우 그렇다	그렇다	보통 이다	그렇지 않다	전혀 그렇지 않다
1	일을 시작하기 전에 면밀한 계획을 세운다.					
2	깊이 생각해보지 않고 일을 시작한다.					
3	여행을 떠나기 전에 오랜 시간 동안 세밀한 계획을 세운다.					
4	나 자신을 스스로 억제할 수 있다.					
5	어떤 일이든지 쉽게 몰두할 수 있다.					
6	정기적으로 저축을 한다.					
7	한군데에 오랫동안 잘 앉아 있을 수 있다.					
8	실수를 저지르지 않기 위해 신중하게 생각한 후 행동한다.					
9	어떤 일을 시작하기 전에 그 일이 안전한지를 깊이 검토한다.					
10	말을 할 때 늘 깊이 생각하고 말을 한다.					
11	복잡한 문제를 놓고 생각하는 것이 좋다.					
12	한 가지 일이 채 끝나기도 전에 또 다른 일을 시작한다.					
13	충분한 사전계획 없이 행동한다.					
14	복잡한 일을 하려고 하면 곧 싫증이 난다.					
15	앞뒤 생각 없이 행동한다.					
16	한 가지 문제를 붙잡으면 그것이 해결될 때까지 계속 붙들고 늘어진다.					
17	이리저리 자주 옮겨 다니며 사는 것이 좋다.					
18	특별한 계획 없이 기분 나는 대로 물건을 산다.					
19	일단 시작한 일은 어떤 일이 있어도 끝맺으려고 한다.					
20	용돈(월급)을 타는 날이 되기도 전에 다 써버린다.					
21	깊이 생각하던 일도 다른 생각이 떠오르면 그것 때문에 크게 방해를 받는다.					
22	가만히 있어야 하는 상황(수업시간이나 친구들과 얘기할 때)에서 오랫동안 가만히 있기 힘들다.					
23	장래의 계획을 구체적으로 세운다.					

5. Rosenberg 자존감 척도

다음은 여러분이 자신을 어떻게 보는지에 대한 생각을 나타내는 문항입니다. 여러분의 생각을 가장 잘 나타내주는 칸에 O표 해주세요.

번호	문항	대체로 그렇지 않다	보통 이다	대체로 그렇다	항상 그렇다
1	나는 내가 다른 사람들처럼 가치 있는 사람이라고 생각한다.				
2	나는 좋은 성품을 가졌다고 생각한다.				
3	나는 대체적으로 실패한 사람이라는 느낌이 든다.				
4	나는 대부분의 다른 사람들과 같이 일을 잘할 수가 있다.				
5	나는 자랑할 것이 별로 없다.				
6	나는 내 자신에 대하여 긍정적인 태도를 가지고 있다.				
7	나는 내 자신에 대하여 대체로 만족한다.				
8	나는 내 자신을 좀 더 존경할 수 있으면 좋겠다.				
9	나는 가끔 내 자신이 쓸모없는 사람이라는 느낌이 든다.				
10	나는 때대로 내가 좋지 않은 사람이라고 생각한다.				

6. 공감능력 IRI

다음은 다른 사람에 대한 여러분 자신의 행동이나 생각, 느낌에 대한 질문입니다. 일치하는 정도에 따라 해당 번호에 ○표 해주세요.

번호	문항	매우 그렇다	그렇다	보통 이다	그렇지 않다	전혀 그렇지 않다
1	나는 정기적으로 나에게 일어나기를 바라는 것에 대한 환상이나 공상을 한다.					
2	나는 나보다 불행한 사람들에 대해 안타까워하고 동정심을 느낀다.					
3	나는 가끔 다른 사람들의 입장에서 생각하는 것이 어렵다.					
4	곤경에 처해 있는 사람들을 봐도 안타깝다는 생각이 안 들 때가 있다.					
5	나는 소설 속에 나오는 등장인물들의 감정에 실제로 빠져들 때가 있다.					
6	위급한 상황에서 나는 걱정이 되고 안절부절못한다.					
7	나는 보통 영화나 연극을 볼 때, 객관적으로 감상하기 때문에 완벽히 몰입하지 않는다.					
8	나는 결정을 하기 전에, 그 결정에 반대할 사람들의 입장에서 생각해보려고 노력한다.					
9	이용당하고 있는 사람을 볼 때면, 나는 그 사람들을 도와주어야 할 것 같다는 생각이 든다.					
10	매우 감정적인 상황에서 나는 가끔 무기력함을 느낀다.					
11	나는 가끔 친구의 입장에 서서, 친구가 어떻게 느끼고 있을지를 생각하면서, 친구를 더 잘 이해하려고 노력한다.					
12	좋은 책이나 영화에 몰입하는 것은 나에게는 드문 일이다.					
13	누군가가 다친 것을 보았을 때, 나는 당황하지 않는 편이다.					
14	다른 사람의 불행이 나를 괴롭게 하지는 않는다.					
15	만약 내가 옳다고 확신하면, 나는 다른 사람의 주장을 듣는 데 시간을 낭비하지 않을 것이다.					
16	영화나 연극을 보고 난 후, 나는 마치 내가 등장인물이 된 것처럼 느껴본 적이 있다.					

번호	문항	매우 그렇다	그렇다	보통 이다	그렇지 않다	전혀 그렇지 않다
17	나는 긴장을 느끼는 상황이 두렵다.					
18	불공평한 대우를 받는 사람을 보았을 때, 나는 그들에게 어떠한 연민도 느끼지 않는다.					
19	나는 대체로 긴급한 상황에 매우 잘 대응하는 편이다.					
20	나는 내가 본 것에 대해 감동을 자주 받는다.					
21	나는 모든 질문에는 두 가지 측면이 있다고 생각하고, 두 가지 측면을 모두 살펴보려고 노력한다.					
22	나는 나 자신을 매우 부드러운 마음씨를 가진 사람이라고 생각한다.					
23	좋은 영화를 봤을 때, 나는 쉽게 주인공이 된 것처럼 느낀다.					
24	나는 긴급한 상황에서 쉽게 자제력을 잃는다.					
25	어떤 사람 때문에 화가 날 때, 나는 그 사람의 입장에서 생각하려고 노력한다.					
26	재미있는 이야기나 소설을 읽고 나서, 만약 이야기 속 사건이 내게 일어났다면 어떻게 할지에 대해 생각한다.					
27	누군가가 긴급한 상황에서 몹시 도움을 필요로 하는 것을 보면, 나는 자제력을 잃는다.					
28	다른 사람을 비난하기 전에, 내가 만약 그 사람의 입장이라면 어떻게 느낄지에 대해서 생각해본다.					

7. 프로그램 관련 설문

다음은 여러분이 참여하게 될 프로그램에 대한 여러분의 생각을 묻는 질문입니다. 지금 여러분이 가지고 있는 생각과 가장 가깝다고 생각되는 칸에 ○표 해주세요.

번호	문항	전혀 아니다	그렇지 않다	보통 이다	그렇다	매우 그렇다
1	나는 이 프로그램이 학교 폭력 예방을 위해 꼭 필요하다고 생각한다.					
2	나는 이 프로그램에 관심과 기대가 많다.					
3	나는 이 프로그램의 내용이 재미있을 것이라고 생각한다.					
4	나는 이 프로그램에 적극적으로 참여할 준비가 되어 있다.					

지금까지 긴 설문에 응해주시느라 수고하셨습니다.

여러분의 성실한 응답에 진심으로 감사의 마음을 전합니다.

와~ 끝났다!

중간 설문지(진행자용)

선생님 안녕하십니까?
우선 이 프로그램에 자원해주셔서 감사드립니다.

이 설문지는 프로그램 참여 청소년들의 특성 평가와 참여도 파악을 위해 제작되었습니다. 향후 프로그램 개선을 위한 설문이오니 선생님의 솔직한 의견을 부탁드립니다.

선생님께서 작성해주신 내용은 외부에 공개되지 않으며 통계 처리되어 프로그램 효과성 검증과 향후 프로그램 개선을 위해 사용됩니다. 일부 유사한 질문이 반복될 수 있으나 정확한 평가를 위함이니 양해 부탁드립니다.

다시 한 번 선생님의 노고에 깊이 감사드립니다.

프로그램 중앙지원팀

0. 청소년 및 진행자 인적사항

해당 청소년의 일반적인 사항에 대한 질문입니다.

0. 작성일 : _____년 _____월 _____일

1. 성명 : _____(이름의 초성만 쓰세요. 예 : 홍길동 → ㅎㄱㄷ)

2. 생년 : _____년 _____월

3. 연령 : _____세

4. 성별 : _____(남 / 여)

선생님에 대한 질문입니다.

1. 성명 : _____(이름의 초성만 쓰세요. 예 : 홍길동 → ㅎㄱㄷ)

2. 프로그램 진행 장소 : _____

3. 프로그램 진행 기간 : _____년 _____월 ~ _____년 _____월

1. ADHD rating scale

다음 질문들은 해당 청소년에 관한 것입니다. 프로그램 중 해당 청소년이 보인 행동을 가장 잘 기술한 번호에 ○표 해주세요.

번호	문항	전혀 그렇지 않다 (매우 드물다)	약간 혹은 가끔 그렇다	상당히 혹은 자주 그렇다	매우 자주 그렇다
1	학교 수업이나 일, 혹은 다른 활동을 할 때 주의집중을 하지 않고 부주의해서 실수를 많이 한다.	O	1	2	3
2	가만히 앉아 있지를 못하고 손발을 계속 움직이거나 몸을 꿈틀거린다.	O	1	2	3
3	과제나 놀이를 할 때 지속적으로 주의집중하는 데 어려움이 있다.	O	1	2	3
4	수업시간이나 가만히 앉아 있어야 하는 상황에서 자리에서 일어나 돌아다닌다.	O	1	2	3
5	다른 사람이 직접 이야기하는 데도 잘 귀 기울여 듣지 않는 것처럼 보인다.	O	1	2	3
6	상황에 맞지 않게 과도하게 뛰어다니거나 기어오른다.	O	1	2	3
7	지시에 따라서 학업이나 집안일이나 자신이 해야 할 일을 끝마치지 못한다.	O	1	2	3
8	조용히 하는 놀이나 오락 활동에 참여하는 데 어려움이 있다.	O	1	2	3
9	과제나 활동을 체계적으로 하는 데 어려움이 있다.	O	1	2	3
10	항상 '끊임없이 움직이거나' 마치 '모터가 달려서 움직이는 것처럼' 행동한다.	O	1	2	3
11	공부나 숙제 등 지속적으로 정신적 노력이 필요한 일이나 활동을 피하거나 싫어하거나 또는 하기를 꺼린다.	O	1	2	3
12	말을 너무 많이 한다.	O	1	2	3
13	과제나 활동을 하는 데 필요한 것들(장난감, 숙제, 연필 등)을 잃어버린다.	O	1	2	3
14	질문을 끝까지 듣지 않고 대답한다.	O	1	2	3
15	외부자극에 의해 쉽게 산만해진다.	O	1	2	3
16	자기 순서를 기다리지 못한다.	O	1	2	3
17	일상적인 활동을 잊어버린다. (예 : 숙제를 잊어버리거나 도시락을 두고 학교에 간다.)	O	1	2	3
18	다른 사람을 방해하고 간섭한다.	O	1	2	3

2. 프로그램 관련 설문

해당 청소년의 프로그램 참여 태도 및 프로그램 효과에 대한 질문입니다. 프로그램 진행 중 해당 청소년의 경우와 가장 가깝다고 생각되는 칸에 ○표 해주세요.

번호	문항	전혀 아니다	아니다	그저 그렇다	그렇다	매우 그렇다
1	청소년은 프로그램에 지각 없이 꾸준히 참여하였습니까?					
2	청소년은 프로그램에 활발하게 참여하였습니까?					
3	청소년은 프로그램의 내용을 잘 이해하였습니까?					
4	청소년은 숙제를 잘 수행하였습니까?					
5	프로그램 진행 시 진행자와의 관계는 양호합니까?					
6	청소년의 프로그램에 대한 태도는 긍정적입니까?					
7	청소년에게 프로그램 이후 긍정적인 변화가 있었습니까?					
8	이 프로그램이 해당 청소년에게 적합한 프로그램이었다고 생각하십니까?					

설문에 응해주시느라 수고하셨습니다.

진심으로 감사의 마음을 전합니다.

사후 설문지(학생용)

안녕하세요, 여러분?
우선 프로그램을 끝까지 마치게 된 것을 축하드립니다!

성실하게 프로그램에 참여해주어서 고맙습니다. 이 설문지는 시작 전에 여러분이 성실히 작성해준 설문지와 마찬가지로, 여러분의 프로그램에 대한 의견과 여러분의 입장이나 생각들을 알아보기 위한 것입니다. 여러분에게 물어보게 될 질문은 결코 정답이나 좋은 답이 있는 것이 아니므로 고민하지 말고 여러분의 생각을 솔직하게 적어주세요.

여러분이 응답한 설문 내용은 결코 다른 사람에게 보여지는 것이 아니며 프로그램 개선을 위해서만 사용될 것입니다. 개인의 정보에 대한 비밀보장은 기본이고요. 아무쪼록 여러분이 애써 작성한 설문지가 유용하게 사용될 수 있도록 다소 길고 지루하게 느껴지더라도 빠짐없이 성실하게 써주세요. 간혹 유사한 질문이 반복되기도 하는데 정확한 평가를 위한 것이니 이해 바랍니다.

다시 한 번 이번 설문에 참여해주어 진심으로 고마운 마음을 전합니다.

프로그램 중앙지원팀

0. 기본 인적사항

여러분과 관련된 일반적인 사항에 대한 질문입니다. 잘 읽고 해당하는 곳을 채우거나 답해 주세요.

0. 작성일 : _____ 년 _____ 월 _____ 일

1. 성명 : _____ (이름의 초성만 쓰세요. 예 : 홍길동 → ㅎㄱㄷ)

2. 생년 : _____ 년 _____ 월

3. 연령 : _____ 세

4. 성별 : _____ (남 / 여)

1. AMPQ-II

각 질문을 읽고 본인에게 해당하는 칸에 V표 해주세요.

전혀 아니다	조금 그렇다	그렇다	매우 그렇다
0	1	2	3

1. 집중을 해야 할 때(수업시간, 공부, 책 읽기) 집중을 못하고 딴짓을 한다.

2. 인터넷이나 게임으로 인해 일상생활에 어려움(부모와의 갈등, 학교 생활에 지장 등)이 있다.

3. 원치 않는 생각이나 장면이 자꾸 떠오른다.

4. 잠들기 어렵거나 깊이 자지 못하고 자주 깬다.

5. 화가 나면 참기 어렵다.

6. 단식, 운동, 약물을 사용하여 단기간에 무리하게 체중을 줄이려 한 적이 있다.

7. 지속적으로 자살을 생각하거나 구체적인 계획을 세운 적이 있다.

8. 누군가로부터 신체적 · 언어적 폭력을 당한 적이 있다.

9. 만사가 귀찮고 재미가 없다.

10. 부모님이나 선생님의 지시에 거부감이 생겨 잘 따르지 않는 편이다.

11. 친구들이 괴롭히거나 따돌림을 당한 적이 있다.

12. 수업시간에 배우는 내용을 이해하기 어렵다.

13. 사람들이 나를 감시하거나 해칠 것 같다.

14. 성에 대하여 지나치게 많이 생각한다.

15. 뚜렷한 이유 없이 자주 여기저기 아프고 불편하다. (예 : 두통, 복통, 구토, 메스꺼움, 어지러움 등)

16. 학생에게 금지된 약물을 사용한다. (예 : 담배, 술, 본드, 엑스터시 등)

17. 내 생각을 다른 사람들이 다 알고 있는 것 같다.

18. 나를 괴롭히는 친구가 있다.

19. 경련을 일으키거나 정신을 잃고 쓰러진 적이 있다.

20. 나는 남보다 열등감이 많다.

21. 우리 집은 가족 간의 갈등이 있다.

22. 심각한 규칙 위반을 하게 된다. (예 : 무단결석, 가출, 유흥업소 출입 등)

23. 이유 없이 기분이 며칠간 들뜬 적이 있거나 기분이 자주 변하는 편이다.

24. 성적인 충동을 자제하기 어렵다. (예 : 자위행위, 야동, 야설 등)

25. 기다리지 못하고 생각보다 행동이 앞선다.

26. 다른 사람의 물건을 부수거나 빼앗거나 훔치게 된다.

27. 다른 사람이 나에 대해 수군거리는 것 같다.

28. 가만히 앉아 있지 못하고 손이나 발을 계속 꼼지락거린다.

29. 원치 않는 행동을 자꾸 반복하게 된다. (예 : 손 씻기, 확인하는 행동, 숫자 세기 등)

30. 사람이나 동물을 괴롭히거나 폭력을 휘두른다.

31. 이유 없이 일주일 이상 우울하거나 짜증이 난다.

32. 친구 사귀기가 어렵거나 친한 친구가 없다.

33. 다른 사람이 듣지 못하는 말소리 같은 것이 들린다.

34. 사람들 앞에서 말하기가 두렵다.

35. 누군가로 인해 성적 수치심을 느낀 적이 있다.

36. 거짓말을 자주 한다.

37. 토할 정도로 단시간에 폭식한 적이 있다.

38. 쓸데없는 걱정을 한다.

2. CDI

아래에 각 문항마다 여러 가지 느낌과 생각들이 적혀 있는 문장들이 있습니다. 그중에서 지난 2주 동안 나를 가장 잘 나타내주는 문장의 번호에 ○ 표 해주세요.

1 ☐   0) 나는 가끔 슬프다.
   ☐   1) 나는 자주 슬프다.
   ☐   2) 나는 항상 슬프다.

2 ☐   0) 나에게 제대로 되어 가는 일이란 없다.
   ☐   1) 나는 일이 제대로 되어 갈지 확신할 수 없다.
   ☐   2) 나에겐 모든 일이 제대로 되어 갈 것이다.

3 ☐   0) 나는 대체로 무슨 일이든 웬만큼 한다.
   ☐   1) 나는 잘 못하는 일이 많다.
   ☐   2) 나는 모든 일을 잘 못한다.

4 ☐   0) 나에게는 재미있는 일들이 많다.
   ☐   1) 나는 재미있는 일들이 더러 있다.
   ☐   2) 나는 어떤 일도 전혀 재미가 없다.

5 ☐   0) 나는 언제나 못됐다.
   ☐   1) 나는 못됐을 때가 많다.
   ☐   2) 나는 가끔 못됐다.

6 ☐   0) 나는 가끔씩 나에게 나쁜 일이 일어나지 않을까 생각한다.
   ☐   1) 나는 나에게 나쁜 일이 일어날까 걱정한다.
   ☐   2) 나는 나에게 무서운 일이 일어나리라는 것을 확신한다.

7		0) 나는 나 자신을 미워한다.
		1) 나는 나 자신을 좋아하지 않는다.
		2) 나는 나 자신을 좋아한다.

8		0) 잘못되는 일은 모두 내 탓이다.
		1) 잘못되는 일 중 내 탓인 것이 많다.
		2) 잘못되는 일은 보통 내 탓이 아니다.

9		0) 나는 자살을 생각하지 않는다.
		1) 나는 자살에 대하여 생각은 하지만 그렇게 하지는 않을 것이다.
		2) 나는 자살하고 싶다.

10		0) 나는 매일 울고 싶은 기분이다.
		1) 나는 울고 싶은 기분인 날도 많다.
		2) 나는 때때로 울고 싶은 기분이 든다.

11		0) 이일 저일로 해서 늘 성가시다.
		1) 이일 저일로 해서 성가실 때가 많다.
		2) 간혹 이일 저일로 해서 성가실 때가 있다.

12		0) 나는 사람들과 함께 있는 것이 좋다.
		1) 나는 사람들과 함께 있는 것이 싫을 때가 많다.
		2) 나는 사람들과 함께 있는 것을 전혀 원치 않는다.

13		0) 나는 어떤 일에 대한 결정을 내릴 수가 없다.
		1) 나는 어떤 일에 대한 결정을 내리기가 어렵다.
		2) 나는 쉽게 결정을 내린다.

14		0) 나는 괜찮게 생겼다.
		1) 나는 못생긴 구석이 약간 있다.
		2) 나는 못생겼다.

15 [ ] 0) 나는 학교 공부를 해내려면 언제나 노력해야만 한다.

[ ] 1) 나는 학교 공부를 해내려면 많이 노력해야만 한다.

[ ] 2) 나는 별로 어렵지 않게 학교 공부를 해낼 수 있다.

16 [ ] 0) 나는 매일 밤에 잠들기가 어렵다.

[ ] 1) 나는 잠들기 어려운 밤이 많다.

[ ] 2) 나는 잠을 잘 잔다.

17 [ ] 0) 나는 가끔 피곤하다.

[ ] 1) 나는 자주 피곤하다.

[ ] 2) 나는 언제나 피곤하다.

18 [ ] 0) 나는 밥맛이 없을 때가 대부분이다.

[ ] 1) 나는 밥맛이 없을 때가 많다.

[ ] 2) 나는 밥맛이 좋다.

19 [ ] 0) 나는 몸이 쑤시고 아프다든지 하는 것에 대해 걱정하지 않는다.

[ ] 1) 나는 몸이 쑤시고 아픈 것에 대해 걱정할 때가 많다.

[ ] 2) 나는 몸이 쑤시고 아픈 것에 대해 항상 걱정한다.

20 [ ] 0) 나는 외롭다고 느낀다.

[ ] 1) 나는 자주 외롭다고 느낀다.

[ ] 2) 나는 항상 외롭다고 느낀다.

21 [ ] 0) 나는 학교 생활이 재미있었던 적이 없다.

[ ] 1) 나는 가끔씩 학교 생활이 재미있다.

[ ] 2) 나는 학교 생활이 재미있을 때가 많다.

22 [ ] 0) 나는 친구가 많다.

[ ] 1) 나는 친구가 약간 있지만 더 있었으면 한다.

[ ] 2) 나는 친구가 하나도 없다.

23 [ ] 0) 나의 학교 성적은 괜찮다.

[ ] 1) 나의 학교 성적은 예전처럼 좋지는 않다.

[ ] 2) 예전에 내가 무척 잘하던 과목도 요즈음에는 성적이 뚝 떨어졌다.

24 [ ] 0) 나는 절대로 다른 아이들처럼 착할 수가 없다.

[ ] 1) 나는 내가 마음만 먹으면 다른 아이들처럼 착할 수 있다.

[ ] 2) 나는 다른 아이들처럼 착하다.

25 [ ] 0) 나를 진심으로 좋아하는 사람은 아무도 없다.

[ ] 1) 나를 진심으로 좋아하는 사람이 있을지 확실하지 않다.

[ ] 2) 분명히 나를 진심으로 좋아하는 사람이 있다.

26 [ ] 0) 나는 나에게 시킨 일을 대체로 한다.

[ ] 1) 나는 나에게 시킨 일을 대체로 하지 않는다.

[ ] 2) 나는 나에게 시킨 일을 절대로 하지 않는다.

27 [ ] 0) 나는 사람들과 사이좋게 잘 지낸다.

[ ] 1) 나는 사람들과 잘 싸운다.

[ ] 2) 나는 사람들과 언제나 싸운다.

3. UCLA loneliness scale

여러분과 주위 사람의 관계를 묻는 질문입니다. 현재 상태를 가장 잘 표현한다고 생각하는 보기를 고르세요.

1. 주위 사람들과 '마음이 통한다고' 얼마나 자주 느끼십니까? (   )
   ① 늘 느낀다   ② 종종 느낀다   ③ 거의 느끼지 않는다   ④ 전혀 느끼지 않는다

2. 친구를 사귀는 능력이 부족하다고 얼마나 자주 느끼십니까? (   )
   ① 전혀 느끼지 않는다   ② 거의 느끼지 않는다   ③ 종종 느낀다   ④ 늘 느낀다

3. 당신이 의지할 사람이 아무도 없다고 얼마나 자주 느끼십니까? (   )
   ① 전혀 느끼지 않는다   ② 거의 느끼지 않는다   ③ 종종 느낀다   ④ 늘 느낀다

4. 당신이 혼자라고 얼마나 자주 느끼십니까? (   )
   ① 전혀 느끼지 않는다   ② 거의 느끼지 않는다   ③ 종종 느낀다   ④ 늘 느낀다

5. 당신이 친구 집단의 일원이라고 얼마나 자주 느끼십니까? (   )
   ① 늘 느낀다   ② 종종 느낀다   ③ 거의 느끼지 않는다   ④ 전혀 느끼지 않는다

6. 당신이 주위 사람들과 공통되는 게 많다고 얼마나 자주 느끼십니까? (   )
   ① 늘 느낀다   ② 종종 느낀다   ③ 거의 느끼지 않는다   ④ 전혀 느끼지 않는다

7. 당신이 더 이상 누구와도 가깝지 않다고 얼마나 자주 느끼십니까? (   )
   ① 전혀 느끼지 않는다   ② 거의 느끼지 않는다   ③ 종종 느낀다   ④ 늘 느낀다

8. 당신의 관심이나 생각이 주위 사람들과 공유되지 못한다고 얼마나 자주 느끼십니까? (   )
   ① 전혀 느끼지 않는다   ② 거의 느끼지 않는다   ③ 종종 느낀다   ④ 늘 느낀다

9. 당신이 사교성과 싹싹함이 있다고 얼마나 자주 느끼십니까? (   )
   ① 늘 느낀다   ② 종종 느낀다   ③ 거의 느끼지 않는다   ④ 전혀 느끼지 않는다

10. 사람들과 가깝다고 얼마나 자주 느끼십니까? (   )

    ① 늘 느낀다 ② 종종 느낀다 ③ 거의 느끼지 않는다 ④ 전혀 느끼지 않는다

11. 따돌림을 당하고 있다고 얼마나 자주 느끼십니까? (   )

    ① 전혀 느끼지 않는다 ② 거의 느끼지 않는다 ③ 종종 느낀다 ④ 늘 느낀다

12. 다른 사람들과의 관계가 의미 없다고 얼마나 자주 느끼십니까? (   )

    ① 전혀 느끼지 않는다 ② 거의 느끼지 않는다 ③ 종종 느낀다 ④ 늘 느낀다

13. 누구도 당신을 제대로 아는 사람은 없다고 얼마나 자주 느끼십니까? (   )

    ① 전혀 느끼지 않는다 ② 거의 느끼지 않는다 ③ 종종 느낀다 ④ 늘 느낀다

14. 다른 사람들로부터 고립되어 있다고 얼마나 자주 느끼십니까? (   )

    ① 전혀 느끼지 않는다 ② 거의 느끼지 않는다 ③ 종종 느낀다 ④ 늘 느낀다

15. 당신이 원할 때는 친구관계를 맺을 수 있다고 얼마나 자주 느끼십니까? (   )

    ① 늘 느낀다 ② 종종 느낀다 ③ 거의 느끼지 않는다 ④ 전혀 느끼지 않는다

16. 당신을 진정으로 이해하는 사람이 있다고 얼마나 자주 느끼십니까? (   )

    ① 늘 느낀다 ② 종종 느낀다 ③ 거의 느끼지 않는다 ④ 전혀 느끼지 않는다

17. 자신이 수줍어한다고 얼마나 자주 느끼십니까? (   )

    ① 전혀 느끼지 않는다 ② 거의 느끼지 않는다 ③ 종종 느낀다 ④ 늘 느낀다

18. 주위에 사람들이 있지만 당신과 함께하지는 않는다고 얼마나 자주 느끼십니까? (   )

    ① 전혀 느끼지 않는다 ② 거의 느끼지 않는다 ③ 종종 느낀다 ④ 늘 느낀다

19. 당신이 이야기를 나눌 수 있는 사람이 있다고 얼마나 자주 느끼십니까? (   )

    ① 늘 느낀다 ② 종종 느낀다 ③ 거의 느끼지 않는다 ④ 전혀 느끼지 않는다

20. 당신이 의지할 사람이 있다고 얼마나 자주 느끼십니까? (   )

    ① 늘 느낀다 ② 종종 느낀다 ③ 거의 느끼지 않는다 ④ 전혀 느끼지 않는다

4. BIS-Ⅱ

여러분의 계획성에 관련된 질문입니다. 자신을 가장 잘 설명하는 항목에 ○표 하세요.

번호	문항	매우 그렇다	그렇다	보통이다	그렇지 않다	전혀 그렇지 않다
1	일을 시작하기 전에 면밀한 계획을 세운다.					
2	깊이 생각해보지 않고 일을 시작한다.					
3	여행을 떠나기 전에 오랜 시간 동안 세밀한 계획을 세운다.					
4	나 자신을 스스로 억제할 수 있다.					
5	어떤 일이든지 쉽게 몰두할 수 있다.					
6	정기적으로 저축을 한다.					
7	한군데에 오랫동안 잘 앉아 있을 수 있다.					
8	실수를 저지르지 않기 위해 신중하게 생각한 후 행동한다.					
9	어떤 일을 시작하기 전에 그 일이 안전한지를 깊이 검토한다.					
10	말을 할 때 늘 깊이 생각하고 말을 한다.					
11	복잡한 문제를 놓고 생각하는 것이 좋다.					
12	한 가지 일이 채 끝나기도 전에 또 다른 일을 시작한다.					
13	충분한 사전계획 없이 행동한다.					
14	복잡한 일을 하려고 하면 곧 싫증이 난다.					
15	앞뒤 생각 없이 행동한다.					
16	한 가지 문제를 붙잡으면 그것이 해결될 때까지 계속 붙들고 늘어진다.					
17	이리저리 자주 옮겨 다니며 사는 것이 좋다.					
18	특별한 계획 없이 기분 나는 대로 물건을 산다.					
19	일단 시작한 일은 어떤 일이 있어도 끝맺으려고 한다.					
20	용돈(월급)을 타는 날이 되기도 전에 다 써버린다.					
21	깊이 생각하던 일도 다른 생각이 떠오르면 그것 때문에 크게 방해를 받는다.					
22	가만히 있어야 하는 상황(수업시간이나 친구들과 얘기할 때)에서 오랫동안 가만히 있기 힘들다.					
23	장래의 계획을 구체적으로 세운다.					

5. Rosenberg 자존감 척도

다음은 여러분이 자신을 어떻게 보는지에 대한 생각을 나타내는 문항입니다. 여러분의 생각을 가장 잘 나타내주는 칸에 ○표 해주세요.

번호	문항	대체로 그렇지 않다	보통 이다	대체로 그렇다	항상 그렇다
1	나는 내가 다른 사람들처럼 가치 있는 사람이라고 생각한다.				
2	나는 좋은 성품을 가졌다고 생각한다.				
3	나는 대체적으로 실패한 사람이라는 느낌이 든다.				
4	나는 대부분의 다른 사람들과 같이 일을 잘할 수가 있다.				
5	나는 자랑할 것이 별로 없다.				
6	나는 내 자신에 대하여 긍정적인 태도를 가지고 있다.				
7	나는 내 자신에 대하여 대체로 만족한다.				
8	나는 내 자신을 좀 더 존경할 수 있으면 좋겠다.				
9	나는 가끔 내 자신이 쓸모없는 사람이라는 느낌이 든다.				
10	나는 때대로 내가 좋지 않은 사람이라고 생각한다.				

6. 공감능력 IRI

다음은 다른 사람에 대한 여러분 자신의 행동이나 생각, 느낌에 대한 질문입니다. 일치하는 정도에 따라 해당 번호에 ○표 해주세요.

번호	문항	매우 그렇다	그렇다	보통 이다	그렇지 않다	전혀 그렇지 않다
1	나는 정기적으로 나에게 일어나기를 바라는 것에 대한 환상이나 공상을 한다.					
2	나는 나보다 불행한 사람들에 대해 안타까워하고 동정심을 느낀다.					
3	나는 가끔 다른 사람들의 입장에서 생각하는 것이 어렵다.					
4	곤경에 처해 있는 사람들을 봐도 안타깝다는 생각이 안 들 때가 있다.					
5	나는 소설 속에 나오는 등장인물들의 감정에 실제로 빠져들 때가 있다.					
6	위급한 상황에서 나는 걱정이 되고 안절부절못한다.					
7	나는 보통 영화나 연극을 볼 때, 객관적으로 감상하기 때문에 완벽히 몰입하지 않는다.					
8	나는 결정을 하기 전에, 그 결정에 반대할 사람들의 입장에서 생각해보려고 노력한다.					
9	이용당하고 있는 사람을 볼 때면, 나는 그 사람들을 도와주어야 할 것 같다는 생각이 든다.					
10	매우 감정적인 상황에서 나는 가끔 무기력함을 느낀다.					
11	나는 가끔 친구의 입장에 서서, 친구가 어떻게 느끼고 있을지를 생각하면서, 친구를 더 잘 이해하려고 노력한다.					
12	좋은 책이나 영화에 몰입하는 것은 나에게는 드문 일이다.					
13	누군가가 다친 것을 보았을 때, 나는 당황하지 않는 편이다.					
14	다른 사람의 불행이 나를 괴롭게 하지는 않는다.					
15	만약 내가 옳다고 확신하면, 나는 다른 사람의 주장을 듣는 데 시간을 낭비하지 않을 것이다.					
16	영화나 연극을 보고 난 후, 나는 마치 내가 등장인물이 된 것처럼 느껴본 적이 있다.					

번호	문항	매우 그렇다	그렇다	보통 이다	그렇지 않다	전혀 그렇지 않다
17	나는 긴장을 느끼는 상황이 두렵다.					
18	불공평한 대우를 받는 사람을 보았을 때, 나는 그들에게 어떠한 연민도 느끼지 않는다.					
19	나는 대체로 긴급한 상황에 매우 잘 대응하는 편이다.					
20	나는 내가 본 것에 대해 감동을 자주 받는다.					
21	나는 모든 질문에는 두 가지 측면이 있다고 생각하고, 두 가지 측면을 모두 살펴보려고 노력한다.					
22	나는 나 자신을 매우 부드러운 마음씨를 가진 사람이라고 생각한다.					
23	좋은 영화를 봤을 때, 나는 쉽게 주인공이 된 것처럼 느낀다.					
24	나는 긴급한 상황에서 쉽게 자제력을 잃는다.					
25	어떤 사람 때문에 화가 날 때, 나는 그 사람의 입장에서 생각하려고 노력한다.					
26	재미있는 이야기나 소설을 읽고 나서, 만약 이야기 속 사건이 내게 일어났다면 어떻게 할지에 대해 생각한다.					
27	누군가가 긴급한 상황에서 몹시 도움을 필요로 하는 것을 보면, 나는 자제력을 잃는다.					
28	다른 사람을 비난하기 전에, 내가 만약 그 사람의 입장이라면 어떻게 느낄지에 대해서 생각해본다.					

7. 프로그램 관련 설문

다음은 여러분이 참여하게 될 프로그램에 대한 여러분의 생각을 묻는 질문입니다. 지금 여러분이 가지고 있는 생각과 가장 가깝다고 생각되는 칸에 ○표 해주세요.

번호	문항	전혀 아니다	그렇지 않다	보통 이다	그렇다	매우 그렇다
1	나는 이 프로그램이 학교 폭력 예방을 위해 꼭 필요하다고 생각한다.					
2	나는 이 프로그램에 관심과 기대가 많다.					
3	나는 이 프로그램의 내용이 재미있을 것이라고 생각한다.					
4	나는 이 프로그램에 적극적으로 참여할 준비가 되어 있다.					

지금까지 수고하셨습니다.

여러분의 성실한 응답에 진심으로 감사의 마음을 전합니다.

부록 3
프로그램 일지

프로그램 일지

프로그램명	(1 / 8회기) :		진행자	
참가자	참석 : 결석 :		일시	년 월 일 : ~ :
프로그램 진행과정				
개별 평가				
진행자 종합평가				

프로그램 일지 예시

프로그램명	(1 / 8회기) :	진행자	○○대학교병원 ○○○
참가자	참석 : KDH1 KDH2* KKJ 　　　LDH KES CWS 결석 : KBN	일시	2014년 7월 1일 15 : 00 ～ 17 : 00
프로그램 진행과정	프로그램에 관한 전반적인 오리엔테이션 참가자들의 자기 소개 및 이름 외우기 게임 진행 규칙 정하기		
개별 평가	KDH1　성실하게 프로그램에 따르는 편이나 소극적이고 수동적임. 　　　　일부 청소년과의 관계에 문제가 있음. 　　　　쉽게 동화되지 못함. KDH2　프로그램에 주도적으로 참여함. KKJ　　전체적으로 프로그램에 집중하지 못함. 산만하고 충동적인 경향이 　　　　강함. 　　　　반복해서 나서고, 프로그램과 상관없는 이야기를 꺼내 프로그램 진 　　　　행에 방해가 되는 경우가 자주 발생함. 　　　　프로그램 후 추가적인 면담을 시행하였음. LDH　　성실하게 프로그램에 참여함. KES　　성실하게 프로그램에 참여함. 다른 청소년들의 이야기를 경청하며 　　　　프로그램에 집중하는 모습을 보임. CWS　프로그램 중간에 휴대전화 게임을 하다 문제가 됨. 　　　　프로그램 내내 '몰라요', '그냥요' 같이 성의 없는 대답으로 일관하고 　　　　빈정거림. KBN　　무단결석을 하여 프로그램에 참여하지 못함.		
진행자 종합평가	● 선반적으로 프로그램에 집중하지 못하는 청소년들이 많아 산만한 분위기 　에서 프로그램이 진행됨. ● 특히 문제가 되는 청소년을 대상으로 추가적인 면담을 시행함. ● 프로그램 규칙을 명확하게 알릴 필요가 있겠으며, 일부 청소년의 경우 추 　가적인 의학적 평가가 필요할 것으로 생각됨.		

* 동일 이니셜이 2인 이상인 경우 가나다순으로 뒤에 1, 2를 붙이면 됩니다.

김붕년

저자 김붕년(소아청소년정신과 전문의)은 현재 서울대학교 의과대학 소아청소년정신과 교수이자 서울대학교병원 어린이병원 소아청소년정신 분과장으로 재직하면서 영유아-소아 및 청소년의 다양한 심리·행동·정서 문제에 대한 치료와 연구를 수행하고 있다. 진료 현장에서 수많은 학교폭력 가해 및 피해 학생을 도와준 경험과 호주 퀸즈랜드대학 외상 센터에서의 교수 생활이 계기가 되어 집단 따돌림 및 폭력 가해·피해 아동을 위한 구체적인 치료 모델을 기획하고 개발하게 되었다. 2006년 〈한국형 왕따 스톱 프로그램〉을 시작으로 초등학교 학생용 피해 아동 치유 프로그램 및 가해 치유 프로그램을 개발한 바 있고, 청소년을 위한 학교폭력 예방 및 치유 프로그램을 개발하였다.

2013년부터는 대한신경정신의학회 학교폭력 특임이사로 활동하면서 경찰청과 손잡고 학교폭력 가해자 치유를 위한 전국화 사업을 진행하고 있으며, 법무부와의 협약을 통해 전국에 산재한 비행예방센터의 지원 사업도 함께 진행하고 있다.

2006년부터 4년간 서울시 소아청소년 광역정신보건센터장을 지냈고, 현재는 서울시 중구 정신건강증진 센터장, 서초구 정신건강증진센터 자문위원, 서울시 아이존 자문위원 및 서초아이존 운영위원을 맡아서 활동 중이다.

2010년부터 2012년까지 2년간 호주 퀸즐랜드대학 뇌과학 연구소에서 ADHD 유전 및 뇌 영상 연구를 수행하였고, 동 대학 소아 트라우마 센터 교환 교수를 지냈다. 대한소아청소년정신의학회, 마음두뇌교육협회 이사와 한국자폐학회 회장으로도 활동하고 있으며, 2012년에는 ADHD 및 발달장애에 대한 연구업적으로 소천학술상과 백합학술상을 수상하였다.

권국주

저자 권국주(신경정신과 전문의)는 현재 서울아산병원에서 소아청소년정신과의 임상 강사로 근무하면서 소아청소년정신과 전문의 수련과정에 있다. 호주 모나쉬대학교 ADHD 연구 프로그램에 참여한 경력이 있으며, 학교폭력 프로그램의 개발과 집필 과정에 지난 2년간 많은 노력을 기울였다. 현재에도 대한신경정신의학회의 사회 참여 포럼에서 실무위원으로 활동하며, 학교폭력 가해 치유 프로그램의 전국화 사업에 참여하고 있다.